RACINE

S0-AFZ-951

BÉRÉNICE

THÉÂTRE

TEXTE INTÉGRAL

Classiques Hachette

Texte de l'édition de 1697.

*Notes explicatives, questionnaires, bilans,
documents et parcours thématique*

établis par

Valérie COMBEL,
Professeur agrégé de Lettres modernes.

Couverture : Laurent Carré

Crédits photographiques :
p. 4 (coll. de Mr le Vicomte Henri de Galard Terraube) : Hachette,
p. 8 (Frontispice de l'édition de 1676 par F. Chauveau, BN) : Hachette,
p. 9 (1ʳᵉ page de l'édition de 1676, Bibliothèque de l'Arsenal) :
H. ROGER-VIOLLET, **p. 22** (*Ludmila Mickäel dans Bérénice, mise en
scène de Klaus Michael Gruber*, Comédie-Française, 22 nov. 1984) :
BERNAND, **p. 53** (*Acte II, scène 4*, Bérénice : « Hé quoi ? vous me jurez
une éternelle ardeur, / Et vous me le jurez avec cette froideur ? »*) : Hachette,
p. 62 (*Marie Bell (Bérénice) et Marcel Tristani (Antiochus), théâtre
du Gymnase, janvier 1962*) : Studio LIPNITZKI © ROGER-VIOLLET,
p. 72 : BERNAND, **p. 77** (*Bérénice, gravure du XIXᵉ siècle. Bib. de la
Comédie-Française*) : Jean-Loup CHARMET, **p. 92** : ROGER-VIOLLET
© LIPNITZKI-VIOLLET, **p. 95** (Gravure de Gravelot) : Hachette, **p. 109**
(Paris, Bib. de l'Arsenal, fonds Rondel) : Hachette, **p. 117** (*Racine faisant
la lecture à Louis XIV*, B.N.) : ÉDIMÉDIA, **p. 154** (*5 acteurs sur scène ; une
représentation à l'hôtel de Bourgogne. Gravure d'A. Bosse, B.N.*) :
ÉDIMÉDIA, **p. 158** (*Départ des comédiens italiens en 1697, d'après
Watteau, gravé par Jacob. B.N.*) : BULLOZ.

© HACHETTE LIVRE, 2006, 43, quai de Grenelle 75905 Paris Cedex 15
ISBN : 978-2-01-169310-5
www.hachette-education.com

Racine et *Bérénice* 4
Bérénice d'hier à aujourd'hui 6

BÉRÉNICE (texte intégral)

Dédicace à Monseigneur Colbert 10
Préface de Racine 11
Acte premier................................. 15
Acte deuxième 37
Acte troisième............................... 55
Acte quatrième 73
Acte cinquième.............................. 93

RACINE ET SON TEMPS

Chronologie 110
Écrire et jouer au temps de *Bérénice*............. 112

À PROPOS DE L'ŒUVRE

Schéma narratif.............................. 118
La genèse et les sources....................... 120
Critiques et jugements........................ 123

PARCOURS THÉMATIQUE

La cour au temps de Racine.................... 127
L'histoire romaine dans *Bérénice*............... 132
Le classicisme racinien de *Bérénice*............. 137
Index thématique 146

ANNEXES

Particularités grammaticales de la langue de *Bérénice*... 155
Lexique racinien............................. 157
Lexique des termes de théâtre 158
Lexique des principaux procédés d'écriture 159
Bibliographie 160

Jean Racine, par Jean-Baptiste Santerre.

Le soir du 21 novembre 1670, les comédiens de
l'hôtel de Bourgogne jouent pour la première fois <u>Bérénice</u>.
Le public est nombreux, attiré tant par la renommée
de Racine, qui avait présenté avec succès trois ans auparavant
son <u>Andromaque</u>, que par la célébrité des acteurs : Floridor,
dans le rôle de Titus, et la Champmeslé dans celui de Bérénice.
La pièce de Racine connaît alors un franc succès,
à tel point que Corneille, qui présente à peine une semaine
plus tard son œuvre <u>Tite et Bérénice</u>, se voit relégué dans
l'ombre de son rival. Aucun des deux poètes n'ignorait le projet
de l'autre, sans qu'il en connût toutefois le texte. On a même
supposé qu'un concours pouvait être à l'origine de cette
compétition. Henriette d'Angleterre, épouse de Monsieur,
frère de Louis XIV, fut-elle réellement l'instigatrice
de la rivalité des deux pièces ? Toujours est-il que cette
princesse en aurait soufflé le sujet à Racine qui, dans la lignée
romaine de <u>Britannicus</u> (1669), aurait pu saisir l'occasion de
traiter un thème qui n'était pas alors sans évoquer tardivement
le renoncement du Roi Soleil à la nièce de Mazarin,
la princesse étrangère Marie Mancini.
Louis XIV, conscient des multiples rapprochements
entre sa personne et l'empereur Titus, applaudit au succès
d'une pièce qui sera jouée durant une année entière.
Racine a alors à peu près le même âge que le souverain,
trente et un ans, et préfère regarder l'accueil enthousiaste
de son public que la cabale qui se dresse contre son œuvre.
Le poète désormais n'a plus à faire ses preuves.
Sa rupture avec les jansénistes de Port-Royal (ses anciens
maîtres qui accusaient les auteurs dramatiques d'être
des « empoisonneurs publics ») est consommée ;
sa vie sentimentale est épanouie depuis que la Champmeslé
(Marie Desmares) est sa maîtresse.
Enfin, le succès de ses deux dernières tragédies,
<u>Andromaque</u> et <u>Britannicus</u>, le conforte
dans sa situation d'auteur talentueux.

BÉRÉNICE DANS L'ÉVOLUTION DE LA TRAGÉDIE

Antiquité	GRECQUE ROMAINE	ESCHYLE, SOPHOCLE, EURIPIDE (Ve s. av. J.-C.) SÉNÈQUE (Ier s. ap. J.-C.)
XVe siècle	**Théâtre néo-latin** • *moralités* : d'inspiration biblique ou historique, ce sont des drames passionnels qui mettent en scène des personnages de haut rang. Leur fin est rarement heureuse. • *théâtre scolaire* : sujets historiques, composés par des maîtres et joués par leurs élèves.	
XVIe siècle	**Tragédie humaniste** D'inspiration biblique puis païenne, elle a une portée morale ou religieuse, présente des personnages de haut rang, s'achève sur une mort connue dès le début. Poétique et lyrique, elle contient des lamentations et un chœur.	Jodelle (1532-1573) Garnier (1544?-1590) Montchrestien (1575-1621)
XVIe-XVIIe siècles	**Tragi-comédie** Correspond à l'esthétique baroque, mélangeant les genres (tragique et comique), sa fin est heureuse. Caractérisée par son absence de régularité, ses sujets sanglants et la complexité de ses intrigues souvent romanesques.	Hardy (1572?-1632) Viau (1590-1626)
XVIIe siècle	**Tragédie héroïque** Opte pour la régularité et la vraisemblance (une action, une journée, des lieux proches). D'inspiration historique, elle présente l'idéal aristocratique de personnages partagés entre devoir et sentiments et suscitant l'admiration du public. **Tragédie racinienne** Obéit à l'esthétique classique par une stricte observation des règles, recherche la vérité psychologique de personnages de haut rang et la pureté de l'écriture poétique. D'inspiration historique (grecque, latine) et plus tard biblique, elle montre des héros écrasés par le poids du destin.	Rotrou (1609-1650) Corneille (1606-1684) Racine (1639-1699)

Dans sa Préface de <u>Britannicus</u>, *Racine revendiquait*
« une action simple, chargée de peu de matière »
et c'est cette même ténuité que l'on retrouve dans <u>Bérénice</u>.
*Racine y précise en effet dans la Préface que deux objectifs
ont guidé son projet. D'abord, colorer son œuvre*
de « cette tristesse majestueuse qui fait tout le plaisir
de la tragédie » *et puis égaler* « la simplicité d'action
qui a été si fort du goût des anciens ».
*Élaguée de toute surcharge anecdotique, la pièce propose
au spectateur un sujet aussi simple que paradoxal :
le renoncement volontaire à l'amour de deux êtres
qui s'aiment. Le thème, souvent traité, du conflit entre
passion amoureuse et devoir politique est ici toutefois
l'objet d'un regard nouveau sur le plan esthétique.
On serait en effet en droit de s'interroger sur la filiation
de l'œuvre au genre de la tragédie du fait même que
le tragique – récits de scènes sanglantes, violence
des rapports entre les personnages, coups de théâtre
renversants – semble matériellement
absent de la pièce.
Car* <u>Bérénice</u>, *qui donne à voir un tragique intériorisé,
décliné sur le seul mode psychologique, met en scène
la souffrance de personnages historiques rendus humains
par le tiraillement qui les déchire.*
<u>Bérénice</u> *devient alors l'œuvre classique par excellence,
par la pureté de son écriture linéaire et poétique,
par la force des personnages emportés par leur destin
historique et par l'universalité de la douleur que
chaque être éprouve à l'heure de faire un choix.
Éloge de la volonté où la raison l'emporte sur le cœur,*
<u>Bérénice</u> *constitue, par la simplicité de sa trame
et l'originalité du traitement de l'esthétique tragique,
une œuvre atemporelle, à même de toucher tout public.*

BERENICE.

BERENICE.

TRAGEDIE.

ACTE PREMIER.

SCENE PREMIERE.

ANTIOCHUS, ARSACE.

ANTIOCHUS.

Arrestons un moment. La pompe de ces
Lieux,
Je le voy bien, Arsace, est nouvelle à tes yeux.
Souvent ce Cabinet superbe & solitaire,
Des secrets de Titus est le dépositaire.
C'est icy quelquefois qu'il se cache à sa Cour,
Lors qu'il vient à la Reyne expliquer son amour.
De son Apartement cette porte est prochaine,
Et cette autre conduit dans celuy de la Reyne,
Va chez elle. Dy-luy qu'importun à regret,
J'ose luy demander un entretien secret.

Tome II.   A

À MONSEIGNEUR COLBERT[1]

SECRÉTAIRE D'ÉTAT,
CONTRÔLEUR GÉNÉRAL DES FINANCES,
SURINTENDANT DES BÂTIMENTS,
GRAND TRÉSORIER DES ORDRES DU ROI,
MARQUIS DE SEIGNELAY, ETC.

MONSEIGNEUR,

Quelque juste défiance que j'aie de moi-même et de mes ouvrages, j'ose espérer que vous ne condamnerez pas la liberté que je prends de vous dédier cette tragédie. Vous ne l'avez pas jugée tout à fait indigne de votre approbation. Mais ce qui fait son plus grand mérite auprès de vous, c'est, MONSEIGNEUR, que vous avez été témoin du bonheur qu'elle a eu de ne pas déplaire à Sa Majesté.

L'on sait que les moindres choses vous deviennent considérables[2], pour peu qu'elles puissent servir ou à sa gloire ou à son plaisir. Et c'est ce qui fait qu'au milieu de tant d'importantes occupations, où le zèle de votre prince[3] et le bien public vous tiennent continuellement attaché, vous ne dédaignez pas quelquefois de descendre jusqu'à nous[4], pour nous demander compte de notre loisir[5].

J'aurais ici une belle occasion de m'étendre sur vos louanges, si vous me permettiez de vous louer. Et que ne dirais-je point de tant de rares qualités qui vous ont attiré l'admiration de toute la France, de cette pénétration à laquelle rien n'échappe, de cet esprit vaste qui embrasse, qui exécute tout à la fois tant de grandes choses, de cette âme que rien n'étonne[6], que rien ne fatigue ?

Mais, MONSEIGNEUR, il faut être plus retenu[7] à vous parler de vous-même et je craindrais de m'exposer, par un éloge importun, à vous faire repentir de l'attention favorable dont vous m'avez honoré ; il vaut mieux que je songe à la mériter par quelques nouveaux ouvrages : aussi bien c'est le plus agréable remerciement qu'on vous puisse faire. Je suis avec un profond respect,

MONSEIGNEUR,

Votre très humble et très obéissant serviteur,

RACINE.

---

1. Cette épître dédicatoire adressée à Colbert ne figure que dans l'édition originale de 1671.
2. *considérables* : dignes de votre considération.
3. *où le zèle de votre prince* : auxquelles le zèle pour le roi.
4. *nous* : les artistes et hommes de lettres.
5. *nous demander compte de notre loisir* : vous intéresser à la façon dont nous occupons notre temps.
6. *étonne* : ébranle.
7. *être plus retenu* : montrer plus de retenue.

PRÉFACE[1] DE RACINE

Titus, reginam Berenicen, cui etiam nuptias pollicitus ferebatur, statim ab Urbe dimisit invitus invitam.

C'est-à-dire que « Titus, qui aimait passionnément Bérénice, et qui même, à ce qu'on croyait, lui avait promis de l'épouser, la renvoya de Rome, malgré lui et malgré elle, dès les premiers jours de son empire »[2]. Cette action est très fameuse dans l'histoire, et je l'ai trouvée très propre pour le théâtre, par la violence des passions qu'elle y pouvait exciter[3]. En effet, nous n'avons rien de plus touchant dans tous les poètes, que la séparation d'Énée et de Didon, dans Virgile[4]. Et qui doute que ce qui a pu fournir assez de matière pour tout un chant d'un poème héroïque, où l'action dure plusieurs jours, ne puisse suffire pour le sujet d'une tragédie, dont la durée ne doit être que de quelques heures ? Il est vrai que je n'ai point poussé Bérénice jusqu'à se tuer comme Didon, parce que Bérénice n'ayant pas ici avec Titus les derniers engagements que Didon avait avec Énée, elle n'est pas obligée comme elle de renoncer à la vie. À cela près, le dernier adieu qu'elle dit à Titus, et l'effort qu'elle se fait[5] pour s'en séparer, n'est pas le moins tragique de la pièce, et j'ose dire qu'il renouvelle assez bien dans le cœur des spectateurs l'émotion que le reste y avait pu exciter. Ce n'est pas une nécessité qu'il y ait du sang et des morts dans une tragédie ; il suffit que l'action en soit grande, que les acteurs[6] en soient héroïques, que les passions y soient excitées, et que tout s'y ressente de cette tristesse majestueuse qui fait tout le plaisir de la tragédie.

Je crus que je pourrais rencontrer toutes ces parties dans mon sujet. Mais ce qui m'en plut davantage, c'est que je le trouvai extrêmement simple. Il y avait longtemps que je voulais essayer si je pourrais faire une tragédie avec cette simplicité d'action qui a été si fort du goût des anciens. Car c'est un des premiers préceptes qu'ils nous ont laissés : « Que ce que vous ferez, dit Horace[7], soit toujours simple et ne soit qu'un ». Ils ont admiré l'*Ajax* de Sophocle[8], qui n'est autre chose qu'Ajax qui se tue de regret, à cause de la fureur où il était tombé après le refus qu'on lui avait fait des armes d'Achille. Ils ont admiré le *Philoctète*, dont tout le sujet est Ulysse qui vient pour surprendre les flèches d'Hercule. L'*Œdipe* même, quoique tout plein de reconnais-

---

1. *Préface* de la première édition de *Bérénice*, 24 février 1671.
2. Citation extraite des *Vies des douze Césars* de l'historien Suétone (69-126 ap. J.-C.). La traduction que propose ici Racine est approximative (Voir texte p. 122).
3. *qu'elle y pouvait exciter* : qu'elle suscitait.
4. *Virgile* : poète latin (70-19 av. J.-C.), auteur de l'*Énéide* où se trouvent évoquées les amours d'Énée et de Didon, au chant IV.
5. *qu'elle se fait* : qu'elle s'impose.
6. *acteurs* : personnages, dans la langue classique.
7. *Horace* : poète latin (65-8 av. J.-C.), auteur d'un *Art poétique*.
8. *Sophocle* : auteur tragique grec (495-406 av. J.-C.), à l'origine des pièces citées par Racine : *Ajax, Philoctète, Œdipe*.

sances[1], est moins chargé de matière que la plus simple tragédie de nos jours. Nous voyons enfin que les partisans de Térence[2], qui l'élèvent avec raison au-dessus de tous les poètes comiques, pour l'élégance de sa diction[3] et pour la vraisemblance de ses mœurs, ne laissent pas[4] de confesser que Plaute[5] a un grand avantage sur lui par la simplicité qui est dans la plupart des sujets de Plaute. Et c'est sans doute cette simplicité merveilleuse qui a attiré à ce dernier toutes les louanges que les anciens lui ont données. Combien Ménandre[6] était-il encore plus simple, puisque Térence est obligé de prendre deux comédies de ce poète pour en faire une des siennes !

Et il ne faut point croire que cette règle ne soit fondée que sur la fantaisie de ceux qui l'ont faite. Il n'y a que le vraisemblable qui touche dans la tragédie. Et quelle vraisemblance y a-t-il qu'il arrive en un jour une multitude de choses qui pourraient à peine arriver en plusieurs semaines ? Il y en a qui pensent que cette simplicité est une marque de peu d'invention. Ils ne songent pas qu'au contraire toute l'invention consiste à faire quelque chose de rien, et que tout ce grand nombre d'incidents a toujours été le refuge des poètes qui ne sentaient pas dans leur génie ni assez d'abondance ni assez de force pour attacher durant cinq actes leurs spectateurs par une action simple, soutenue de la violence des passions, de la beauté des sentiments et de l'élégance de l'expression. Je suis bien éloigné de croire que toutes ces choses se rencontrent dans mon ouvrage ; mais aussi je ne puis croire que le public me sache mauvais gré de lui avoir donné une tragédie qui a été honorée de tant de larmes, et dont la trentième représentation a été aussi suivie que la première.

Ce n'est pas que quelques personnes[7] ne m'aient reproché cette même simplicité que j'avais recherchée avec tant de soin. Ils ont cru qu'une tragédie qui était si peu chargée d'intrigues ne pouvait être selon les règles du théâtre. Je m'informai s'ils se plaignaient qu'elle les eût ennuyés. On me dit qu'ils avouaient tous qu'elle n'ennuyait point, qu'elle les touchait même en plusieurs endroits et qu'ils la verraient encore avec plaisir. Que veulent-ils davantage ? Je les conjure d'avoir assez bonne opinion d'eux-mêmes pour ne pas croire qu'une pièce qui les touche, et qui leur donne du plaisir, puisse être absolument contre les règles. La principale règle est de plaire et de toucher. Toutes les autres ne sont faites que pour parvenir à cette première. Mais toutes ces

---

1. *reconnaissances* : type de péripétie propre au théâtre grâce à laquelle la véritable identité d'un personnage se trouve finalement dévoilée au spectateur.
2. *Térence* : auteur latin (1ᵉʳ siècle av. J.-C.).
3. *diction* : composition des vers.
4. *ne laissent pas de* : ne cessent de.
5. *Plaute* : auteur comique latin (254-184 av. J.-C.).
6. *Ménandre* : auteur comique grec (342-292 av. J.-C.).
7. *quelques personnes* : allusion aux détracteurs de Racine, dont l'abbé de Villars, auteur de deux *Lettres sur Bérénice*, dans lesquelles il reproche au dramaturge l'insuffisance de l'action de *Bérénice*.

règles sont d'un long détail, dont je ne leur conseille pas de s'embarrasser. Ils ont des occupations plus importantes. Qu'ils se reposent sur nous de la fatigue d'éclaircir les difficultés de la poétique d'Aristote[1], qu'ils se réservent le plaisir de pleurer et d'être attendris, et qu'ils me permettent de leur dire ce qu'un musicien disait à Philippe, roi de Macédoine, qui prétendait qu'une chanson n'était pas selon les règles : « À Dieu ne plaise, seigneur, que vous soyez jamais si malheureux que de savoir ces choses-là mieux que moi ! »[2].

Voilà tout ce que j'ai à dire à ces personnes à qui je ferai toujours gloire de plaire. Car pour le libelle que l'on fait contre moi, je crois que les lecteurs me dispenseront volontiers d'y répondre. Et que ne répondrais-je à un homme[3] qui ne pense rien et qui ne sait même pas construire ce qu'il pense ? Il parle de protase comme s'il entendait[4] ce mot, et veut que cette première des quatre parties de la tragédie soit toujours la plus proche de la dernière, qui est la catastrophe[5]. Il se plaint que la trop grande connaissance des règles l'empêche de se divertir à la comédie. Certainement, si l'on en juge par sa dissertation, il n'y eut jamais de plainte plus mal fondée. Il paraît bien qu'il n'a jamais lu Sophocle, qu'il loue très injustement « d'une grande multiplicité d'incidents » ; et qu'il n'a même jamais rien lu de la poétique, que dans quelques *Préfaces* de tragédies. Mais je lui pardonne de ne pas savoir les règles du théâtre, puisque, heureusement pour le public, il ne s'applique pas à le genre d'écrire. Ce que je ne lui pardonne pas, c'est de savoir si peu les règles de la bonne plaisanterie, lui qui ne veut pas dire un mot sans plaisanter. Croit-il réjouir beaucoup les honnêtes gens par ces « hélas de poche », ces « mesdemoiselles mes règles »[6], et quantité d'autres basses affectations qu'il trouvera condamnées dans tous les bons auteurs, s'il se mêle jamais de les lire ?

Toutes ces critiques sont le partage de quatre ou cinq petits auteurs infortunés, qui n'ont jamais pu par eux-mêmes exciter la curiosité du public. Ils attendent toujours l'occasion de quelque ouvrage qui réussisse pour l'attaquer, non point par jalousie, car sur quel fondement seraient-ils jaloux ? mais dans l'espérance qu'on se donnera la peine de leur répondre, et qu'on les tirera de l'obscurité où leurs propres ouvrages les auraient laissés toute leur vie.

---

1. *Aristote* : philosophe grec (384-322 av. J.-C.) qui explique dans sa *Poétique* que la tragédie doit susciter la pitié et la crainte chez les spectateurs pour « purger » leurs passions.
2. Court récit rapporté par Plutarque, auteur grec du Ier s. ap. J.-C.
3. *un homme* : l'abbé de Villars.
4. *entendait* : comprenait.
5. *protase... catastrophe* : référence aux quatre parties que comporte une tragédie : la protase (l'exposition), l'épitase (le nœud de l'action), la catase (la péripétie) et la catastrophe (le dénouement).
6. *hélas de poche... mesdemoiselles mes règles* : Villars reproche à Antiochus d'avoir toujours un « hélas » en poche. Il déclare également : « J'ai laissé mesdemoiselles mes règles à la porte, j'ai vu la comédie, je l'ai trouvée fort affligeante, et j'y ai pleuré comme un ignorant ».

PERSONNAGES

TITUS, empereur de Rome.

BÉRÉNICE, reine de Palestine.

ANTIOCHUS, roi de Comagène.

PAULIN, confident de Titus.

ARSACE, confident d'Antiochus.

PHÉNICE, confidente de Bérénice.

RUTILE, Romain.

Suite de Titus.

La scène est à Rome, dans un cabinet qui est entre l'appartement de Titus et celui de Bérénice.

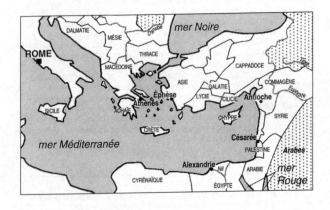

14

ACTE PREMIER

SCÈNE PREMIÈRE. Antiochus, Arsace

ANTIOCHUS
Arrêtons un moment. La pompe¹ de ces lieux,
Je le vois bien, Arsace, est nouvelle à tes yeux.
Souvent ce cabinet² superbe et solitaire
Des secrets de Titus est le dépositaire.
5 C'est ici quelquefois qu'il se cache à sa cour,
Lorsqu'il vient à la reine expliquer³ son amour.
De son appartement cette porte est prochaine⁴,
Et cette autre conduit dans celui de la reine.
Va chez elle : dis-lui qu'importun à regret
10 J'ose lui demander un entretien secret.

ARSACE
Vous, Seigneur, importun ? vous, cet ami fidèle
Qu'un soin• si généreux• intéresse pour elle ?
Vous, cet Antiochus son amant• autrefois ?
Vous, que l'Orient compte entre ses plus grands rois ?
15 Quoi ? déjà de Titus épouse en espérance,
Ce rang entre elle et vous met-il tant de distance ?

ANTIOCHUS
Va, dis-je ; et sans vouloir te charger d'autres soins,
Vois si bientôt je puis lui parler sans témoins.

SCÈNE 2. Antiochus, *seul.*

Eh bien Antiochus, es-tu toujours le même ?
20 Pourrai-je, sans trembler, lui dire : « Je vous aime » ?

---

1. *pompe* : magnificence.
2. *cabinet* : cabinet de travail, bureau.
3. *expliquer* : exposer en détails (sens étymologique latin).
4. *prochaine* : voisine.

Mais quoi ? déjà je tremble, et mon cœur agité
Craint autant ce moment que je l'ai souhaité.
Bérénice autrefois m'ôta toute espérance ;
Elle m'imposa même un éternel silence.
25   Je me suis tu cinq ans, et jusques° à ce jour,
D'un voile d'amitié j'ai couvert mon amour.
Dois-je croire qu'au rang où Titus la destine
Elle m'écoute mieux que dans la Palestine ?
Il l'épouse. Ai-je donc attendu ce moment
30   Pour me venir encor déclarer son amant° ?
Quel fruit[1] me reviendra d'un aveu téméraire[2] ?
Ah ! puisqu'il faut partir, partons sans lui déplaire.
Retirons-nous, sortons, et sans nous découvrir[3],
Allons loin de ses yeux l'oublier, ou mourir.
35   Hé quoi ? souffrir toujours un tourment qu'elle ignore ?
Toujours verser des pleurs qu'il faut que je dévore[4] ?
Quoi ? même en la perdant redouter son courroux° ?
Belle reine, et pourquoi vous offenseriez-vous ?
Viens-je vous demander que vous quittiez l'empire ?
40   Que vous m'aimiez ? Hélas ! je ne viens que vous dire
Qu'après m'être longtemps flatté[5] que mon rival[6]
Trouverait à ses vœux quelque obstacle fatal°,
Aujourd'hui qu'il peut tout, que votre hymen° s'avance,
Exemple[7] infortuné d'une longue constance,
45   Après cinq ans d'amour et d'espoirs superflus,
Je pars, fidèle encor quand je n'espère plus.
Au lieu de s'offenser, elle pourra me plaindre.
Quoi qu'il en soit, parlons : c'est assez nous contraindre[8].
Et que peut craindre, hélas ! un amant sans espoir
50   Qui peut bien se résoudre à ne la jamais voir ?

---

1. *fruit* : bénéfice.
2. *téméraire* : dit à la légère.
3. *nous découvrir* : dévoiler nos sentiments.
4. *dévore* : ravale, contienne.
5. *m'être flatté* : m'être bercé d'illusions.
6. *mon rival* : Titus.
7. *Exemple* : apposé à « je » (v. 46).
8. *nous contraindre* : nous imposer le silence.

Compréhension

1. Comment est suggérée l'importance de Colbert dans la dédicace p. 10 ?

2. Quels sont, dans la Préface, les principes qui, selon Racine, assurent le succès d'une tragédie ?

3. Quelles relations entretiennent les quatre personnages évoqués, scène 1 ?

4. Qu'apprend-on sur l'empereur Titus dans la première scène ?

5. Quelle est la fonction dramatique d'Arsace dans la scène 1 ?

6. Comment Bérénice est-elle nommée dans ces deux scènes ? Comment apparaît-elle au spectateur, notamment aux vers 24 et 34 ?

7. Quelle image le spectateur se fait-il d'Antiochus ? À travers quels termes (périphrases, substantifs, adjectifs) se désigne le roi, des vers 46 au vers 50 ?

8. Relevez, dans la scène 2, le champ lexical* de la douleur. En quoi la situation d'Antiochus est-elle pathétique* ?

9. À quels temps sont les verbes de la scène 2 ? Pourquoi peut-on dire que ce monologue* dresse un double tableau, l'un tourné vers le passé et la résignation, l'autre vers la situation présente et la décision d'agir ?

Écriture

10. Retrouvez, dans la scène 2, les procédés d'écriture du monologue de délibération, en étudiant plus particulièrement les modalités de la phrase, l'alternance des pronoms personnels « je / tu » (v. 18-19), l'emploi de l'impératif (v. 32-34).

11. Quels procédés de versification reflètent l'anxiété du roi ?

12. Nommez et commentez le procédé de style des vers 11 à 14.

Mise en scène

13. Où ces deux premières scènes se déroulent-elles exactement ? Quelle importance revêt le fait qu'Antiochus se trouve placé dans ce cabinet, entre deux portes ?

14. Quels sont, dans la scène 2, les moments forts du monologue où le comédien devrait, selon vous, marquer une pause ?

SCÈNE 3. Antiochus, Arsace

ANTIOCHUS
Arsace, entrerons-nous ?

ARSACE
             Seigneur, j'ai vu la reine ;
Mais pour me faire voir, je n'ai percé qu'à peine [1]
Les flots toujours nouveaux d'un peuple adorateur
Qu'attire sur ses pas sa prochaine grandeur [2].
55 Titus, après huit jours d'une retraite austère,
Cesse enfin de pleurer Vespasien [3] son père.
Cet amant• se redonne aux soins• de son amour ;
Et si j'en crois, Seigneur, l'entretien [4] de la cour,
Peut-être avant la nuit l'heureuse Bérénice
60 Change le nom de reine au nom [5] d'impératrice.

ANTIOCHUS
Hélas !

ARSACE
     Quoi ? ce discours pourrait-il vous troubler [6] ?

ANTIOCHUS
Ainsi donc sans témoins je ne puis lui parler ?

ARSACE
Vous la verrez, Seigneur : Bérénice est instruite
Que vous voulez ici la voir seule et sans suite.
65 La reine d'un regard a daigné m'avertir
Qu'à votre empressement elle allait consentir ;
Et sans doute [7] elle attend le moment favorable
Pour disparaître aux yeux d'une cour qui l'accable.

---

1. *à peine* : avec peine.
2. *sa prochaine grandeur* : son triomphe imminent.
3. *Vespasien* : le général Vespasien (7-79) devient empereur en 69.
4. *l'entretien* : les bruits.
5. *au nom* : en celui d'impératrice.
6. *troubler* : bouleverser.
7. *sans doute* : sans aucun doute.

ANTIOCHUS
Il suffit. Cependant n'as-tu rien négligé
70 Des ordres importants dont je t'avais chargé ?

ARSACE
Seigneur, vous connaissez ma prompte obéissance.
Des vaisseaux dans Ostie[1] armés en diligence[2],
Prêts à quitter le port de moments en moments[3],
N'attendent pour partir que vos commandements.
75 Mais qui renvoyez-vous dans votre Comagène[4] ?

ANTIOCHUS
Arsace, il faut partir quand j'aurai vu la reine.

ARSACE
Qui doit partir ?

ANTIOCHUS
                    Moi.
ARSACE
                              Vous ?

ANTIOCHUS
                                    En sortant du palais,
Je sors de Rome, Arsace, et j'en sors pour jamais[5].

ARSACE
Je suis surpris sans doute, et c'est avec justice.
80 Quoi ? depuis si longtemps la reine Bérénice
Vous arrache, Seigneur, du sein de vos États,
Depuis trois ans dans Rome elle arrête vos pas ;
Et lorsque cette reine, assurant sa conquête[6],
Vous attend pour témoin de cette illustre fête,

---

1. *Ostie* : port de Rome.
2. *armés en diligence* : préparés rapidement.
3. *de moments en moments* : d'un instant à l'autre.
4. *Comagène* : royaume d'Antiochus, au Nord de la Syrie (voir carte, p. 14).
5. *jamais* : toujours.
6. *assurant sa conquête* : rendant certain son mariage avec Titus.

85 Quand l'amoureux Titus, devenant son époux,
Lui prépare un éclat qui rejaillit sur vous...

ANTIOCHUS
Arsace, laisse-la jouir de sa fortune[1],
Et quitte un entretien dont le cours m'importune[2].

ARSACE
Je vous entends*, Seigneur : ces mêmes dignités
90 Ont rendu Bérénice ingrate à vos bontés ;
L'inimitié succède à l'amitié trahie.

ANTIOCHUS
Non, Arsace, jamais je ne l'ai moins haïe.

ARSACE
Quoi donc ? de sa grandeur déjà trop prévenu[3],
Le nouvel empereur vous a-t-il méconnu[4] ?
95 Quelque pressentiment de son indifférence
Vous fait-il loin de Rome éviter sa présence ?

ANTIOCHUS
Titus n'a point pour moi paru se démentir :
J'aurais tort de me plaindre.

ARSACE
                              Et pourquoi donc partir ?
Quel caprice vous rend ennemi de vous-même ?
100 Le ciel met sur le trône un prince qui vous aime,
Un prince qui jadis témoin de vos combats
Vous vit chercher la gloire* et la mort sur ses pas,
Et de qui la valeur, par vos soins* secondée,
Mit enfin sous le joug la rebelle Judée[5].

---

1. *sa fortune* : son succès.
2. *Et quitte... m'importune* : Et cesse cette conversation dont la poursuite m'importune.
3. *prévenu* : fier.
4. *méconnu* : oublié.
5. *Judée* : région de Palestine conquise par Titus et Vespasien.

105 Il se souvient du jour illustre et douloureux
Qui décida du sort d'un long siège douteux.
Sur leur triple rempart les ennemis tranquilles
Contemplaient sans péril nos assauts inutiles ;
Le bélier[1] impuissant les menaçait en vain.
110 Vous seul, Seigneur, vous seul, une échelle à la main,
Vous portâtes la mort jusque sur leurs murailles.
Ce jour presque éclaira vos propres funérailles :
Titus vous embrassa mourant entre mes bras,
Et tout le camp vainqueur pleura votre trépas.
115 Voici le temps, Seigneur, où vous devez attendre
Le fruit de tant de sang qu'ils vous ont vu répandre.
Si pressé du désir de revoir vos États,
Vous vous lassez de vivre où vous ne régnez pas,
Faut-il que sans honneur l'Euphrate[2] vous revoie ?
120 Attendez pour partir que César[3] vous renvoie
Triomphant et chargé des titres souverains
Qu'ajoute encore aux rois l'amitié des Romains.
Rien ne peut-il, Seigneur, changer votre entreprise ?
Vous ne répondez point ?

ANTIOCHUS

                    Que veux-tu que je dise ?
125 J'attends de Bérénice un moment d'entretien.

    ARSACE
    Eh bien, Seigneur ?

    ANTIOCHUS

                    Son sort décidera du mien.

    ARSACE
    Comment ?

---

1. *bélier* : engin de guerre utilisé pour enfoncer les portes ou les murs d'une cité.
2. *Euphrate* : fleuve situé au sud de Comagène.
3. *César* : il s'agit de Titus qui, comme tous les empereurs romains depuis Auguste, prend ce nom.

ANTIOCHUS
      Sur son hymen• j'attends qu'elle s'explique.
Si sa bouche s'accorde avec la voix publique,
S'il est vrai qu'on l'élève au trône des Césars,
130 Si Titus a parlé, s'il l'épouse, je pars.

ARSACE
Mais qui[1] rend à vos yeux cet hymen si funeste• ?

ANTIOCHUS
Quand nous serons partis, je te dirai le reste.

ARSACE
Dans quel trouble, Seigneur, jetez-vous mon esprit !

ANTIOCHUS
La reine vient. Adieu. Fais tout ce que j'ai dit.

---

1. *qui* : qu'est-ce qui.

Questions

Compréhension

• Arsace et Antiochus

1. En quoi les deux personnages gèrent-ils la prise de parole de manière opposée ? Vous étudierez la longueur des répliques* de chacun, en montrant que l'un s'interroge et que l'autre se tait ou repousse le moment de donner les véritables motifs de son départ.

2. Deux philosophies de la vie distinctes.
Dans quelle mesure peut-on dire qu'Arsace possède une vision pragmatique de l'existence ? Étudiez en particulier les questions qu'il adresse à Antiochus.
Antiochus, au contraire, semble au-delà des préoccupations matérielles et de toute recherche de gloire. Quels sont les éléments du texte qui le prouvent ?

• La construction d'un héros tragique

3. Antiochus parle moins que son confident*, c'est pourtant lui qui tient le devant de la scène par la douleur qui émane de son personnage. Comment la gravité du roi s'exprime-t-elle ?

4. Le roi tient un discours elliptique, refusant de répondre directement à Arsace. Quels sont les procédés de détournement qu'il utilise ? En quoi ce discours le rend-il plus pathétique* ?

• Les circonstances

5. Comment expliquez-vous, sur le plan dramaturgique, qu'Arsace ait eu le temps, pendant le monologue* de la scène précédente, d'équiper les navires (v. 71-74) et de traverser la foule (v. 52-53) ?

6. Quelles informations apporte Arsace au roi (v. 51 à 68) ?

7. Comment apparaît la reine (v. 65-66) ? Cette attitude donne-t-elle de l'espoir à Antiochus ?

8. Quel lien voyez-vous, au début de la scène, entre la précipitation des événements et la marche inexorable du destin ?

Écriture

• **Le vers**

9. Quel est l'effet produit par l'échelonnement de l'alexandrin du vers 77 ?

10. Quels sont les procédés stylistiques (lexique et rimes internes) qui mettent en valeur le vers 116 ?

• **Le récit d'Arsace**

11. Cette dernière scène d'exposition* fait surgir le passé glorieux d'Antiochus à travers les propos d'Arsace. Étudiez le lexique mélioratif (champ lexical* de la bravoure), le nombre et la valeur des marques grammaticales de deuxième rang (pronoms personnels « vous », adjectifs possessifs « vos, votre »), les effets de pathétique dus au champ notionnel de la mort.

12. Étudiez la description des ennemis à travers les adjectifs (v. 106, 108, 109) et l'adverbe « en vain ». Qu'en déduisez-vous sur la difficulté du combat ?

13. L'opposition du singulier et du pluriel structure le texte. Un contre tous, Antiochus s'est comporté comme un héros. Dressez un tableau en proposant d'un côté, les substantifs relatifs à Antiochus, aux Romains, aux armes utilisées, et d'un autre, les termes désignant les ennemis et leur cité.

14. Qu'est-ce qu'une tonalité épique* ? En quoi le récit d'Arsace en relève-t-il ?

15. Quels sont les éléments de ce récit susceptibles de l'apparenter au procédé de l'hypotypose* ?

Mise en scène

16. Comment doit-on lire le vers 56 ?

17. Quelle mise en scène pourriez-vous proposer pour mettre en valeur, à travers le jeu des acteurs, l'opposition des deux personnages ?

SCÈNE 4. Bérénice, Antiochus, Phénice

Bérénice

135 Enfin je me dérobe à la joie importune
De tant d'amis nouveaux que me fait la fortune* ;
Je fuis de leurs respects l'inutile longueur,
Pour chercher un ami qui me parle du cœur[1].
Il ne faut point mentir : ma juste impatience
140 Vous accusait déjà de quelque négligence.
Quoi ? cet Antiochus, disais-je, dont les soins*
Ont eu tout l'Orient et Rome pour témoins,
Lui que j'ai vu toujours constant dans mes traverses[2]
Suivre d'un pas égal mes fortunes diverses,
145 Aujourd'hui que le ciel semble me présager
Un honneur qu'avec vous je prétends partager,
Ce même Antiochus, se cachant à ma vue,
Me laisse à la merci d'une foule inconnue ?

Antiochus

Il est donc vrai, Madame ? et selon ce discours,
150 L'hymen* va succéder à vos longues amours[3] ?

Bérénice

Seigneur, je vous veux bien confier[4] mes alarmes*.
Ces jours ont vu mes yeux baignés de quelques larmes :
Ce long deuil que Titus imposait à sa cour
Avait même en secret suspendu son amour.
155 Il n'avait plus pour moi cette ardeur assidue
Lorsqu'il passait[5] les jours attaché sur ma vue ;
Muet, chargé de soins*, et les larmes aux yeux
Il ne me laissait plus que de tristes* adieux.
Jugez de ma douleur, moi dont l'ardeur extrême,
160 Je vous l'ai dit cent fois, n'aime en lui que lui-même,
Moi qui, loin des grandeurs dont il est revêtu,
Aurais choisi son cœur et cherché sa vertu*.

---

1. *du cœur* : sincèrement.
2. *traverses* : malheurs.
3. *longues amours* : pluriel féminin au XVIIᵉ siècle. Voir p. 155.
4. *je vous veux bien confier* : je veux bien vous confier.
5. *Lorsqu'il passait* : qu'il avait lorsqu'il passait.

ANTIOCHUS
Il a repris pour vous sa tendresse première ?

BÉRÉNICE
Vous fûtes spectateur de cette nuit dernière,
165 Lorsque, pour seconder ses soins* religieux,
Le sénat a placé son père entre les dieux[1].
De ce juste devoir sa piété contente[2]
A fait place, Seigneur, au soin* de son amante* ;
Et même en ce moment, sans qu'il m'en ait parlé,
170 Il est dans le sénat par son ordre assemblé.
Là, de la Palestine il étend la frontière,
Il y joint l'Arabie et la Syrie entière[3],
Et si de ses amis j'en dois croire la voix,
Si j'en crois ses serments redoublés mille fois,
175 Il va sur tant d'États couronner Bérénice,
Pour joindre à plus de noms le nom d'impératrice.
Il m'en viendra lui-même assurer en ce lieu.

ANTIOCHUS
Et je viens donc vous dire un éternel adieu.

BÉRÉNICE
Que dites-vous ? Ah ! ciel ! quel adieu ! quel langage !
180 Prince, vous vous troublez et changez de visage !

ANTIOCHUS
Madame, il faut partir.

BÉRÉNICE
                            Quoi ? ne puis-je savoir
Quel sujet...

---

1. *dieux* : L'apothéose de Vespasien, décrétée par le Sénat, le place au rang des dieux.
2. *contente* : satisfaite.
3. v. 171-172 : Bérénice, reine de Palestine, voit ainsi son royaume agrandi au nord par la Syrie et au sud par l'Arabie (Voir carte p. 14).

ANTIOCHUS
> Il fallait partir sans la revoir.

BÉRÉNICE
Que craignez-vous ? parlez : c'est trop longtemps se taire.
Seigneur, de ce départ quel est donc le mystère ?

ANTIOCHUS
185 Au moins souvenez-vous que je cède à vos lois[1],
Et que vous m'écoutez pour la dernière fois.
Si, dans ce haut degré de gloire• et de puissance,
Il vous souvient[2] des lieux où vous prîtes naissance,
Madame, il vous souvient que mon cœur en ces lieux
190 Reçut le premier trait[3] qui partit de vos yeux.
J'aimai. J'obtins l'aveu[4] d'Agrippa[5] votre frère ;
Il vous parla pour moi. Peut-être sans colère
Alliez-vous de mon cœur recevoir le tribut[6] ;
Titus, pour mon malheur, vint, vous vit, et vous plut.
195 Il parut devant vous dans tout l'éclat d'un homme
Qui porte entre ses mains la vengeance de Rome.
La Judée en pâlit. Le triste•[7] Antiochus
Se compta le premier au nombre des vaincus.
Bientôt de mon malheur interprète sévère
200 Votre bouche à la mienne ordonna de se taire.
Je disputai[8] longtemps, je fis parler mes yeux ;
Mes pleurs et mes soupirs vous suivaient en tous lieux.
Enfin votre rigueur emporta la balance[9] :
Vous sûtes m'imposer l'exil ou le silence,
205 Il fallut le[10] promettre, et même le jurer.

---

1. *lois* : exigences.
2. *Il vous souvient* : vous vous souvenez. Voir p. 155.
3. *trait* : coup.
4. *aveu* : accord.
5. *Agrippa* : roi de Judée de 52 à 68, frère de Bérénice.
6. *tribut* : présent, hommage.
7. *triste* : malheureux.
8. *disputai* : luttai.
9. *balance* : décision.
10. *le* : reprend « *le silence* », v. 204.

Mais puisqu'en ce moment j'ose me déclarer,
Lorsque vous m'arrachiez cette injuste promesse,
Mon cœur faisait serment de vous aimer sans cesse.

BÉRÉNICE
Ah ! que me dites-vous ?

ANTIOCHUS
                              Je me suis tu cinq ans,
210 Madame, et vais encor[1] me taire plus longtemps.
De mon heureux rival j'accompagnai les armes ;
J'espérai de[2] verser mon sang après mes larmes,
Ou qu'au moins, jusqu'à vous porté par mille exploits,
Mon nom[3] pourrait parler, au défaut de ma voix.
215 Le ciel sembla promettre une fin à ma peine :
Vous pleurâtes ma mort, hélas ! trop peu certaine.
Inutiles périls ! Quelle était mon erreur !
La valeur de Titus surpassait ma fureur•.
Il faut qu'à sa vertu• mon estime réponde :
220 Quoique attendu, Madame, à l'empire du monde[4],
Chéri de l'univers, enfin aimé de vous,
Il semblait à lui seul appeler tous les coups,
Tandis que, sans espoir, haï, lassé de vivre,
Son malheureux rival[5] ne semblait que le suivre.
225 Je vois que votre cœur m'applaudit en secret,
Je vois que l'on[6] m'écoute avec moins de regret,
Et que trop attentive à ce récit funeste•,
En faveur de Titus vous pardonnez le reste.
Enfin, après un siège aussi cruel que lent,
230 Il dompta les mutins, reste pâle et sanglant
Des flammes, de la faim, des fureurs intestines,
Et laissa leurs remparts cachés sous leurs ruines,
Rome vous vit, Madame, arriver avec lui.

---

1. *encor* : encore. Voir p. 156.
2. *J'espérai de* : j'espérai. Voir p. 155.
3. *nom* : renommée (sens étymologique).
4. *attendu, Madame, à l'empire du monde* : destiné à gouverner le monde.
5. *Son malheureux rival* : Antiochus.
6. *l'on* : renvoie à Bérénice.

Dans l'Orient désert quel devint mon ennui•[1] !
235 Je demeurai longtemps errant dans Césarée[2],
Lieux charmants• où mon cœur vous avait adorée.
Je vous redemandais à vos tristes• États ;
Je cherchais en pleurant les traces de vos pas.
Mais enfin succombant[3] à ma mélancolie
240 Mon désespoir tourna mes pas vers l'Italie.
Le sort m'y réservait le dernier de ses coups.
Titus en m'embrassant m'amena devant vous ;
Un voile d'amitié vous trompa l'un et l'autre,
Et mon amour devint le confident du vôtre.
245 Mais toujours quelque espoir flattait mes déplaisirs[4] :
Rome, Vespasien, traversaient vos soupirs[5] ;
Après tant de combats Titus cédait peut-être.
Vespasien est mort, et Titus est le maître.
Que[6] ne fuyais-je alors ! J'ai voulu quelques jours
250 De son nouvel empire examiner le cours.
Mon sort est accompli : votre gloire• s'apprête.
Assez d'autres sans moi, témoins de cette fête,
À vos heureux transports• viendront joindre les leurs ;
Pour moi, qui ne pourrais y mêler que des pleurs,
255 D'un inutile amour trop constante victime,
Heureux dans mes malheurs d'en avoir pu sans crime[7]
Conter toute l'histoire aux yeux qui les ont faits,
Je pars plus amoureux que je ne fus jamais.

BÉRÉNICE
Seigneur, je n'ai pas cru[8] que, dans une journée
260 Qui doit avec César[9] unir ma destinée,

---

1. *ennui* : désespoir (le terme a un sens plus fort en langue classique).
2. *Césarée* : capitale de Palestine, royaume de Bérénice.
3. *succombant* : comme je succombais.
4. *flattait mes déplaisirs* : venait leurrer mes peines.
5. *traversaient vos soupirs* : contrariaient votre amour.
6. *Que* : pourquoi (adverbe interrogatif).
7. *sans crime* : sans que vous m'accusiez.
8. *je n'ai pas cru* : je n'aurais pas cru. Voir p. 156.
9. *César* : Titus (voir v. 120).

Il fût quelque mortel qui pût impunément
Se venir à mes yeux déclarer mon amant*.
Mais de mon amitié mon silence est un gage :
J'oublie en sa faveur un discours qui m'outrage.
265 Je n'en ai point troublé le cours injurieux ;
Je fais plus : à regret je reçois vos adieux.
Le ciel sait qu'au milieu des honneurs qu'il m'envoie,
Je n'attendais que vous pour témoin de ma joie.
Avec tout l'univers j'honorais vos vertus* ;
270 Titus vous chérissait, vous admiriez Titus.
Cent fois je me suis fait une douceur extrême
D'entretenir Titus dans un autre lui-même [1].

ANTIOCHUS
Et c'est ce que je fuis. J'évite, mais trop tard,
Ces cruels entretiens où je n'ai point de part.
275 Je fuis Titus : je fuis ce nom qui m'inquiète [2],
Ce nom qu'à tous moments votre bouche répète.
Que vous dirais-je enfin ? Je fuis des yeux distraits,
Qui me voyant toujours, ne me voyaient jamais.
Adieu. Je vais, le cœur trop plein de votre image,
280 Attendre, en vous aimant, la mort pour mon partage.
Surtout ne craignez point qu'une aveugle douleur
Remplisse l'univers du bruit* de mon malheur,
Madame : le seul bruit d'une mort que j'implore
Vous fera souvenir que je vivais encore.
285 Adieu.

---

1. *un autre lui-même* : Antiochus.
2. *m'inquiète* : m'enlève ma tranquillité.

Compréhension

1. *Quels sont, du début de la scène au vers 177, les passages qui montrent que Bérénice apparaît hautaine et parfois même cruelle ? Commentez l'omniprésence de la première personne dans la tirade* de Bérénice (v. 151-162). Quelle est sa réaction lorsque Antiochus lui révèle son amour (v. 259-266) ?*

2. *Dans la deuxième partie de la scène (v. 178-258), Antiochus décline le thème de la douleur. Quels termes emploie-t-il pour se désigner ? Quelle image veut-il donner de lui ? Quels sentiments espère-t-il susciter auprès de Bérénice ?*

3. *Relevez dans la première partie de la scène (jusqu'au v. 177) toutes les allusions au bonheur à venir de Bérénice.*
Quelle est la structure de phrase, répétée entre les vers 167 et 177, qui révèle toutefois que Bérénice reste apparemment prudente ?
En quoi le vers 177 suggère-t-il qu'elle est malgré tout assurée de son triomphe ? Antiochus tente pour sa part de faire revivre le passé. Quelle répétition d'un même verbe en rend compte (v. 185-190) ?

4. *Au début de la scène les personnages* ne parviennent pas à nouer le dialogue. Pourquoi Antiochus, qui est venu informer Bérénice, l'interroge-t-il (v. 149-150 et v. 163) ?*
À quel moment le dialogue semble-t-il reprendre ? Cela dure-t-il longtemps ? Pourquoi n'est-ce finalement pas possible ?

5. *Relisez les vers 151-162. Qu'apprend-on sur les relations sentimentales que l'empereur entretient avec Bérénice ? Passe-t-elle toujours au premier plan ? Quels sont les éléments qui révèlent toutefois la sincérité de l'amour de la reine ?*
L'évocation de Titus revient sans cesse dans le discours de Bérénice. À quels endroits exactement ?

6. *Dans quelle mesure peut-on dire que Titus y est présenté comme un héros (v. 229-232) ?*

Écriture

7. *Nommez et commentez les procédés de style des vers 231, 256, 270.*

8. *Commentez les rimes suivantes : v. 175-176 / v. 197-198.*

9. *Ce face à face se déroule en trois parties. Proposez un titre pour chacune d'elles.*

SCÈNE 5. Bérénice, Phénice

PHÉNICE
> Que je le plains ! Tant de fidélité,
Madame, méritait plus de prospérité.
Ne le plaignez-vous pas ?

BÉRÉNICE
> Cette prompte retraite
Me laisse, je l'avoue, une douleur secrète.

PHÉNICE
Je l'aurais retenu.

BÉRÉNICE
> Qui ? moi ? le retenir ?
290 J'en dois perdre plutôt jusques[1] au souvenir.
Tu veux donc que je flatte[2] une ardeur insensée ?

PHÉNICE
Titus n'a point encore expliqué sa pensée[3].
Rome vous voit, Madame, avec des yeux jaloux ;
La rigueur de ses lois m'épouvante pour vous.
295 L'hymen* chez les Romains n'admet qu'une Romaine ;
Rome hait tous les rois, et Bérénice est reine.

BÉRÉNICE
Le temps n'est plus, Phénice, où je pouvais trembler.
Titus m'aime, il peut tout, il n'a plus qu'à parler :
Il verra le sénat m'apporter ses hommages,
300 Et le peuple de fleurs couronner ses images[4].
De cette nuit, Phénice, as-tu vu la splendeur ?
Tes yeux ne sont-ils pas tout pleins de sa grandeur ?
Ces flambeaux, ce bûcher[5], cette nuit enflammée,

---

1. *jusques* : jusqu'au.
2. *que je flatte* : que je berce de faux espoirs.
3. *Titus ... sa pensée* : Titus n'a pas encore annoncé son mariage avec Bérénice.
4. *images* : portraits.
5. *bûcher* : Le corps des empereurs défunts – en l'occurence, Vespasien – était brûlé lors de leur apothéose.

Ces aigles, ces faisceaux[1], ce peuple, cette armée,
305 Cette foule de rois, ces consuls, ce sénat,
Qui tous de mon amant* empruntaient leur éclat ;
Cette pourpre[2], cet or, que rehaussait sa gloire*,
Et ces lauriers encor témoins de sa victoire ;
Tous ces yeux qu'on voyait venir de toutes parts
310 Confondre sur lui seul leurs avides regards ;
Ce port majestueux, cette douce présence...
Ciel ! avec quel respect et quelle complaisance
Tous les cœurs en secret l'assuraient de leur foi* !
Parle : peut-on le voir sans penser comme moi
315 Qu'en quelque obscurité que le sort l'eût fait naître,
Le monde en le voyant eût reconnu son maître ?
Mais, Phénice, où m'emporte un souvenir charmant* ?
Cependant[3] Rome entière, en ce même moment,
Fait des vœux pour Titus, et par des sacrifices,
320 De son règne naissant célèbre les prémices[4].
Que[5] tardons-nous ? Allons, pour son empire heureux[6],
Au ciel qui le protège offrir aussi nos vœux.
Aussitôt, sans l'attendre, et sans être attendue,
Je reviens le chercher, et dans cette entrevue
325 Dire tout ce qu'aux cœurs l'un de l'autre contents
Inspirent des transports* retenus si longtemps.

---

1. *faisceaux* : verges attachées par une courroie de cuir au manche d'une hache, symbole de pouvoir.
2. *pourpre* : ornements couleur pourpre, symboles du pouvoir impérial.
3. *Cependant* : pendant ce temps.
4. *prémices* : débuts.
5. *Que* : pourquoi.
6. *pour son empire heureux* : pour contribuer au succès de son règne. Voir p. 155.

Compréhension

1. *Bérénice et Phénice réagissent-elles de la même manière après l'aveu d'Antiochus ? Pourquoi Phénice paraît-elle plus humaine ?*

2. *Quels sont les arguments qu'avance Phénice aux vers 292-296 ? Qu'essaie-t-elle de conseiller à sa maîtresse ?*

3. *Quel est le personnage omniprésent dans les propos de Bérénice ? En quoi le retour presque obsessionnel de ce dernier traduit-il l'aveuglement de la reine ? Qu'est-ce qui montre que celle-ci n'est pas en mesure d'écouter les sages conseils de Phénice ?*

4. *Expliquez l'ironie tragique qui affleure aux vers 318 à 326.*

5. *Bérénice n'était pas obligée de raconter cette scène (v. 301-316) à sa servante. Quelle est néanmoins l'utilité de son récit ?*

Écriture

6. *Expliquez en quoi la rupture du vers 289 contribue à accentuer l'opposition entre les deux personnages.*

7. *Étudiez dans la tirade* de Bérénice (v. 296-317) les procédés d'amplification. Vous vous attacherez en particulier à l'étude du lexique, des déterminants, du rythme de la phrase et de l'emploi du pluriel.*

8. *Relevez le champ lexical* du regard (v. 296-316) et justifiez l'importance en nombre des termes qui le constituent.*

9. *Étudiez le lexique de la lumière et celui du pouvoir, dans ces mêmes vers. En quoi contribuent-ils à donner au discours de Bérénice une force hallucinatoire ?*

10. *Dans ce même passage, le spectateur, à travers les propos de la reine, semble voir sur scène l'image décrite. Comment se nomme cette figure de style ? Recherchez précisément les procédés d'écriture qui convergent vers cet effet.*

Mise en scène

11. *Quelle mise en scène proposeriez-vous pour mettre en valeur la force de l'évocation de Bérénice aux vers 296-316 ?*

Bilan

L'action

• Ce que nous savons

L'acte I expose le thème principal de la pièce : le mariage de l'empereur Titus et de la reine Bérénice. Si Bérénice est convaincue de l'imminence du mariage, le spectateur, qui n'a pas encore vu Titus, ignore la décision que prendra celui-ci. Son père, Vespasien, vient de mourir et Titus doit sans tarder annoncer qu'il entend épouser celle qu'il aime et qu'il a fait venir à Rome. La conclusion de ce mariage est pourtant encore aléatoire. D'une part, Antiochus, le roi de Comagène, a révélé à Bérénice les sentiments amoureux qu'il nourrit pour elle depuis cinq ans et se pose, de ce fait, en éventuel rival de l'empereur. D'autre part, le nouvel empereur néglige depuis quelques jours Bérénice, et Phénice rappelle à sa maîtresse (scène 5) les véritables motifs de cette absence : non seulement Bérénice est étrangère mais surtout elle est reine, et les Romains nourrissent une haine farouche à l'égard des rois.

La dimension historique et politique est bien présente dans ce premier acte. Arsace rappelle, dans son récit de la scène 3, la conquête de la Judée par les Romains en mettant en avant la bravoure d'Antiochus. Le roi de Comagène évoque quant à lui les exploits guerriers de Titus, au cours de son entretien avec Bérénice à la scène 4. La reine de Palestine fait allusion à l'apothéose de l'empereur défunt Vespasien (v. 164-166), ainsi qu'au couronnement du nouvel empereur (v. 301-316).

• À quoi faut-il nous attendre ?

Le thème du souvenir revient fréquemment dans cet acte (combats, victoires, apothéose de Vespasien, passé sentimental d'Antiochus). Ces évocations menacent-elles de nuire à la progression de l'action ?

Vers quelles voies respectives les trois destins des personnages d'Antiochus, Bérénice et Titus semblent-ils s'engager ? Le spectateur a-t-il des éléments qui le laisseraient envisager des issues différentes ? Pourquoi ces éléments sont-ils si peu représentés dans l'acte I ?

Les personnages

• Ce que nous savons

Antiochus

Le roi de Comagène offre au spectateur deux visages, l'un public et l'autre privé. Combattant courageux qui n'a pas hésité à risquer sa vie pour l'armée romaine qu'il a rejointe, il renvoie de lui-même l'image d'un homme fort et sûr de lui. C'est en revanche dans sa vie sentimentale que l'échec semble le poursuivre. Repoussé cinq ans auparavant par Bérénice, il renouvelle ici l'aveu de son amour pour la reine, mais convaincu de son imminent mariage avec Titus, il choisit alors de quitter Rome. À un passé glorieux répond alors un présent sans espérances. Le personnage conserve toutefois cohérence et unité grâce à son sens de l'honneur. Entre le courage – il parvient à exprimer ses sentiments cachés à Bérénice – et la résignation – puisqu'il décide de disparaître –, Antiochus conserve toute sa dignité car sa souffrance reste intérieure.

Bérénice

Convaincue de l'amour de Titus, la reine de Palestine s'attend à ce que celui-ci l'épouse sans tarder. Les sentiments qu'elle lui voue semblent sincères (v. 160-162), mais elle accorde aussi dans ce premier acte une importance non négligeable à sa position d'empereur. L'orgueil de Bérénice est flatté et c'est ce même orgueil qui la conduit aussi à se montrer froide et hautaine face à Antiochus. Sûre d'elle et de l'amour de Titus, elle n'est pas prête à écouter les conseils de prudence de Phénice et s'enferme dans son aveuglement.

• À quoi faut-il nous attendre ?

À l'issue de l'acte I, on peut se demander si Antiochus est un obstacle possible à la réalisation du mariage de Titus et de Bérénice. Quel poids peut-on accorder à l'aveuglement de Bérénice dans la suite des événements ?
Titus, quoique absent, est au centre de l'acte I. Quelles raisons peuvent inciter un dramaturge à retarder l'entrée en scène d'un personnage important ? Quels seront les choix de l'empereur, entre le devoir politique et les sentiments qu'il éprouve pour Bérénice ? En quoi cela peut-il avoir de l'importance pour la suite ?

ACTE DEUXIÈME

SCÈNE 1. Titus, Paulin, Suite

TITUS
A-t-on vu de ma part le roi de Comagène ?
Sait-il que je l'attends ?

PAULIN
               J'ai couru chez la reine :
Dans son appartement ce prince avait paru ;
330 Il en était sorti lorsque j'y suis couru[1].
De vos ordres, Seigneur, j'ai dit qu'on l'avertisse.

TITUS
Il suffit. Et que fait la reine Bérénice ?

PAULIN
La reine, en ce moment, sensible à vos bontés,
Charge le ciel de vœux pour vos prospérités.
335 Elle sortait, Seigneur.

TITUS
            Trop aimable• princesse !
Hélas !

PAULIN
     En sa faveur d'où naît cette tristesse ?
L'Orient presque entier va fléchir sous sa loi ;
Vous la plaignez ?

TITUS
         Paulin, qu'on vous laisse avec moi.

---

1. *j'y suis couru* : j'y suis arrivé.

SCÈNE 2. TITUS, PAULIN

TITUS
Eh bien ! de mes desseins Rome encore incertaine
340 Attend que[1] deviendra le destin de la reine,
Paulin ; et les secrets de son cœur et du mien
Sont de tout l'univers devenus l'entretien[2].
Voici le temps enfin qu'il faut[3] que je m'explique.
De la reine et de moi que dit la voix publique ?
345 Parlez : qu'entendez-vous ?

PAULIN
                              J'entends de tous côtés
Publier vos vertus•[4], Seigneur, et ses beautés.

TITUS
Que dit-on des soupirs que je pousse pour elle ?
Quel succès• attend-on d'un amour si fidèle ?

PAULIN
Vous pouvez tout : aimez, cessez d'être amoureux,
350 La cour sera toujours du parti de vos vœux.

TITUS
Et je l'ai vue aussi cette cour peu sincère,
À ses maîtres toujours trop soigneuse[5] de plaire,
Des crimes de Néron[6] approuver les horreurs ;
Je l'ai vue à genoux consacrer ses fureurs•[7].
355 Je ne prends point pour juge une cour idolâtre,
Paulin : je me propose un plus noble théâtre ;
Et sans prêter l'oreille à la voix des flatteurs,
Je veux par votre bouche entendre tous les cœurs.
Vous me l'avez promis. Le respect et la crainte

---

1. *que* : ce que. Voir p. 155.
2. *l'entretien* : le sujet de conversation.
3. *Voici le temps enfin qu'il faut* : voici enfin venu le moment.
4. *Publier vos vertus* : parler en public de vos qualités.
5. *soigneuse* : désireuse.
6. *Néron* : empereur romain (de 54 à 68 ap. J.-C.) réputé pour ses actes criminels.
7. *consacrer ses fureurs* : approuver ses folies.

360 Ferment autour de moi le passage à la plainte ,
    Pour mieux voir, cher Paulin, et pour entendre mieux,
    Je vous ai demandé des oreilles, des yeux ;
    J'ai mis même à ce prix mon amitié secrète :
    J'ai voulu que des cœurs vous fussiez l'interprète,
365 Qu'au travers des flatteurs votre sincérité
    Fît toujours jusqu'à moi passer la vérité.
    Parlez donc. Que faut-il que Bérénice espère ?
    Rome lui sera-t-elle indulgente ou sévère ?
    Dois-je croire qu'assise au trône des Césars,
370 Une si belle reine offensât[1] ses regards[2] ?

PAULIN

    N'en doutez point, Seigneur : soit raison, soit caprice,
    Rome ne l'attend point pour son impératrice.
    On sait qu'elle est charmante•, et de si belles mains
    Semblent vous demander l'empire des humains.
375 Elle a même, dit-on, le cœur d'une Romaine ;
    Elle a mille vertus• ; mais, Seigneur, elle est reine.
    Rome, par une loi qui ne se peut changer,
    N'admet avec son sang aucun sang étranger,
    Et ne reconnaît point les fruits illégitimes
380 Qui naissent d'un hymen• contraire à ses maximes[3].
    D'ailleurs, vous le savez, en bannissant ses rois,
    Rome à ce nom si noble et si saint autrefois
    Attacha pour jamais une haine puissante ;
    Et quoiqu'à ses Césars fidèle, obéissante[4] ,
385 Cette haine, Seigneur, reste de sa fierté,
    Survit dans tous les cœurs après la liberté[5].
    Jules qui le premier la soumit à ses armes,
    Qui fit taire les lois dans le bruit des alarmes•[6],

---

1. *offensât* : offenserait.
2. *ses regards* : ceux du peuple romain.
3. *maximes* : principes, ici d'ordre politique.
4. *fidèle, obéissante* : adjectifs apposés à *Rome* (v. 382).
5. *après la liberté* : après la perte de la liberté, notion sur laquelle entendait reposer la République romaine, en réaction à la domination des rois étrusques qui l'a précédée.
6. vers 388 : après la conquête de la Gaule, Jules César s'empare du pouvoir à Rome (en 49 av. J.-C.) où il impose ses lois.

Brûla pour Cléopâtre, et sans se déclarer,
390 Seule dans l'Orient la laissa soupirer[1].
Antoine, qui l'aima jusqu'à l'idolâtrie,
Oublia dans son sein sa gloire* et sa patrie,
Sans oser toutefois se nommer son époux[2].
Rome l'alla chercher jusques à ses genoux,
395 Et ne désarma point sa fureur* vengeresse,
Qu'[3]elle n'eût accablé l'amant* et la maîtresse[4].
Depuis ce temps, Seigneur, Caligula[5], Néron,
Monstres dont à regret je cite ici le nom,
Et qui ne conservant que la figure d'homme,
400 Foulèrent à leurs pieds toutes les lois de Rome,
Ont craint cette loi seule, et n'ont point à nos yeux
Allumé le flambeau d'un hymen* odieux[6].
Vous m'avez commandé sur tout d'être sincère.
De l'affranchi Pallas nous avons vu le frère,
405 Des fers de Claudius Félix encor flétri,
De deux reines, Seigneur, devenir le mari[7] ;
Et s'il faut jusqu'au bout que je vous obéisse,
Ces deux reines étaient du sang de Bérénice.
Et vous croiriez pouvoir, sans blesser nos regards,
410 Faire entrer une reine au lit de nos Césars,
Tandis que l'Orient dans le lit de ses reines

---

1. vers 390 : Jules César devint l'amant de Cléopâtre, reine d'Égypte, qu'il laissa ensuite pour regagner Rome.

2. vers 391 à 393 : Marc Antoine fut, après la mort de Jules César, l'amant de la reine d'Égypte. Il gagna alors le camp de Cléopâtre et perdit, contre Octave, la bataille d'Actium (30 av. J.-C.).

3. Qu' : avant que. Voir p. 155.

4. l'amant et la maîtresse : Antoine et Cléopâtre, après la victoire des Romains finirent par se suicider.

5. Caligula : empereur romain de 37 à 41 ans ap. J.-C., il était réputé pour ses crimes et ses folies.

6. hymen odieux : ni Néron, ni Caligula n'ont épousé une reine étrangère. Le premier épousa Octavia puis Poppée, le second plusieurs Romaines.

7. [...] devenir le mari : Pallas est un ancien esclave (un affranchi) devenu le favori de Claude (Claudius, empereur romain, 10 av. J.-C. – 54 ans ap. J.-C.). Son frère, Antoine Félix, est également affranchi par Claude. Envoyé comme procurateur pour diriger la Judée, Félix aurait épousé deux reines, dont une sœur de Bérénice.

Voit passer un esclave au sortir de nos chaînes[1] ?
C'est ce que les Romains pensent de votre amour ;
Et je ne réponds pas[2], avant la fin du jour,
415 Que le sénat, chargé des vœux de tout l'empire,
Ne vous redise ici ce que je viens de dire ;
Et que Rome avec lui tombant à vos genoux,
Ne vous demande un choix digne d'elle et de vous.
Vous pouvez préparer, Seigneur, votre réponse.

TITUS
420 Hélas ! à quel amour on veut que je renonce !

PAULIN
Cet amour est ardent, il le faut confesser.

TITUS
Plus ardent mille fois que tu ne peux penser,
Paulin. Je me suis fait un plaisir nécessaire
De la voir chaque jour, de l'aimer, de lui plaire.
425 J'ai fait plus ; je n'ai rien de secret à tes yeux :
J'ai pour elle cent fois rendu grâces aux dieux
D'avoir choisi mon père au fond de l'Idumée[3],
D'avoir rangé sous lui l'Orient et l'armée,
Et soulevant encor le reste des humains,
430 Remis Rome sanglante en ses paisibles mains[4].
J'ai même souhaité la place de mon père,
Moi, Paulin, qui cent fois, si le sort moins sévère
Eût voulu de sa vie étendre les liens[5],
Aurais donné mes jours pour prolonger les siens.
435 Tout cela (qu'un amant• sait mal ce qu'il désire !)
Dans l'espoir d'élever Bérénice à l'empire,
De reconnaître[6] un jour son amour et sa foi•,

---

1. *au sortir de nos chaînes* : allusion à Félix.
2. *je ne réponds pas* : je ne garantis pas.
3. *l'Idumée* : région sud de la Judée, où Vespasien fut proclamé empereur.
4. *en ses paisibles mains* : Vespasien rétablit l'ordre à Rome où quatre empereurs (Néron, Galba, Othon, Vitellius) se sont succédé en une année.
5. *les liens* : les fils de son existence (c'est-à-dire prolonger sa vie).
6. *reconnaître* : récompenser en guise de reconnaissance.

Et de voir à ses pieds tout le monde avec moi.
Malgré tout mon amour, Paulin, et tous ses charmes•,
440 Après mille serments appuyés de mes larmes,
Maintenant que je puis couronner tant d'attraits,
Maintenant que je l'aime encore plus que jamais,
Lorsqu'un heureux hymen•, joignant nos destinées,
Peut payer en un jour les vœux de cinq années,
445 Je vais, Paulin... Ô ciel ! puis-je le déclarer ?

PAULIN
Quoi, Seigneur ?

TITUS
                    Pour jamais je vais m'en séparer.
Mon cœur en ce moment [1] ne vient pas de se rendre.
Si je t'ai fait parler, si j'ai voulu t'entendre,
Je voulais que ton zèle achevât en secret
450 De confondre [2] un amour qui se tait à regret.
Bérénice a longtemps balancé [3] la victoire ;
Et si je penche enfin du côté de ma gloire•,
Crois qu'il m'en a coûté, pour vaincre tant d'amour,
Des combats dont mon cœur saignera plus d'un jour.
455 J'aimais, je soupirais, dans une paix profonde :
Un autre était chargé de l'empire du monde.
Maître de mon destin, libre dans mes soupirs,
Je ne rendais qu'à moi compte de mes désirs.
Mais à peine le ciel eut rappelé mon père,
460 Dès que ma triste• main eut fermé sa paupière,
De mon aimable erreur [4] je fus désabusé :
Je sentis le fardeau qui m'était imposé ;
Je connus [5] que bientôt, loin d'être à ce que j'aime,
Il fallait, cher Paulin, renoncer à moi-même,
465 Et que le choix des dieux, contraire à mes amours,
Livrait à l'univers le reste de mes jours.

---

1. *en ce moment* : en ce moment même.
2. *confondre* : faire taire.
3. *a longtemps balancé* : a fait hésiter.
4. *aimable erreur* : douce illusion.
5. *Je connus* : je reconnus.

Rome observe aujourd'hui ma conduite nouvelle.
Quelle honte pour moi, quel présage pour elle,
Si dès le premier pas, renversant tous ses droits,
470 Je fondais mon bonheur sur le débris[1] des lois !
Résolu d'accomplir ce cruel sacrifice,
J'y voulus préparer la triste• Bérénice.
Mais par où commencer ? Vingt fois depuis huit jours
J'ai voulu devant elle en ouvrir le discours ;
475 Et dès le premier mot ma langue embarrassée
Dans ma bouche vingt fois a demeuré glacée.
J'espérais que du moins mon trouble et ma douleur
Lui ferait[2] pressentir notre commun malheur ;
Mais sans me soupçonner, sensible à mes alarmes•,
480 Elle m'offre sa main pour essuyer mes larmes,
Et ne prévoit rien moins dans cette obscurité[3],
Que la fin d'un amour qu'elle a trop mérité.
Enfin j'ai ce matin rappelé ma constance :
Il faut la voir, Paulin, et rompre le silence.
485 J'attends Antiochus pour lui recommander
Ce dépôt précieux[4] que je ne puis garder :
Jusque dans l'Orient je veux qu'il la remène[5].
Demain Rome avec lui verra partir la reine.
Elle en sera bientôt instruite par ma voix,
490 Et je vais lui parler pour la dernière fois.

PAULIN
Je n'attendais pas moins de cet amour de gloire•
Qui partout après vous attacha la victoire.
La Judée asservie[6], et ses remparts fumants,
De cette noble ardeur éternels monuments[7],
495 Me répondaient assez que votre grand courage
Ne voudrait pas, Seigneur, détruire son ouvrage,

---

1. *le débris* : le mépris des lois (brisées par un mariage contraire aux principes des Romains).
2. *ferait* : feraient (accord avec le sujet le plus proche). Voir p. 155.
3. *cette obscurité* : l'ignorance où elle se trouve.
4. *Ce dépôt précieux* : il s'agit de Bérénice.
5. *remène* : ramène.
6. *la Judée asservie* : la conquête de la Judée. Voir p. 156.
7. *monuments* : souvenirs (latinisme). Apposé à *remparts fumants* (v. 493).

Et qu'un héros vainqueur de tant de nations
Saurait bien, tôt ou tard, vaincre ses passions.

TITUS
Ah ! que sous de beaux noms cette gloire• est cruelle !
500 Combien mes tristes• yeux la trouverait plus belle,
S'il ne fallait encor qu'affronter le trépas !
Que dis-je ? Cette ardeur que j'ai pour ses appas [1],
Bérénice en mon sein l'a jadis allumée.
Tu ne l'ignores pas : toujours la renommée
505 Avec le même éclat n'a pas semé mon nom.
Ma jeunesse, nourrie à la cour de Néron,
S'égarait, cher Paulin, par l'exemple abusée
Et suivait du plaisir la pente trop aisée.
Bérénice me plut. Que ne fait point un cœur
510 Pour plaire à ce qu'il aime, et gagner son vainqueur [2] !
Je prodiguai mon sang : tout fit place à mes armes ;
Je revins triomphant. Mais le sang et les larmes
Ne me suffisaient pas pour mériter ses vœux [3] :
J'entrepris le bonheur de mille malheureux ;
515 On vit de toutes parts mes bontés se répandre,
Heureux, et plus heureux que tu ne peux comprendre,
Quand je pouvais paraître à ses yeux satisfaits
Chargé de mille cœurs conquis par mes bienfaits !
Je lui dois tout, Paulin. Récompense cruelle !
520 Tout ce que je lui dois va retomber sur elle.
Pour prix de tant de gloire• et de tant de vertus•,
Je lui dirai : « Partez, et ne me voyez plus. »

PAULIN
Hé quoi ! Seigneur, hé quoi ! cette magnificence
Qui va jusqu'à l'Euphrate [4] étendre sa puissance,
525 Tant d'honneurs dont l'excès a surpris le sénat

---

1. *ses appas* : l'attrait de la gloire.
2. *son vainqueur* : Bérénice.
3. *ses vœux* : ses sentiments.
4. *l'Euphrate* : fleuve délimitant la frontière ouest de la Syrie, offert par Titus à Bérénice pour étendre ainsi son royaume.

Vous laissent-ils encor craindre le nom d'ingrat ?
Sur cent peuples nouveaux Bérénice commande.

TITUS
Faibles amusements[1] d'une douleur si grande !
Je connais Bérénice, et ne sais que trop bien
530 Que son cœur n'a jamais demandé que le mien.
Je l'aimai, je lui plus. Depuis cette journée,
(Dois-je dire funeste*, hélas ! ou fortunée ?)
Sans avoir en aimant d'objet[2] que son amour,
Étrangère dans Rome, inconnue à la cour,
535 Elle passe ses jours, Paulin, sans rien prétendre[3]
Que quelque heure à me voir, et le reste à m'attendre.
Encor, si quelquefois un peu moins assidu
Je passe[4] le moment où je suis attendu,
Je la revois bientôt de pleurs toute trempée.
540 Ma main à les sécher est longtemps occupée.
Enfin tout ce qu'Amour a de nœuds plus puissants[5],
Doux reproches, transports* sans cesse renaissants,
Soin* de plaire sans art[6], crainte toujours nouvelle,
Beauté, gloire*, vertu*, je trouve tout en elle.
545 Depuis cinq ans entiers chaque jour je la vois,
Et crois toujours la voir pour la première fois.
N'y songeons plus. Allons, cher Paulin : plus j'y pense,
Plus je sens chanceler ma cruelle constance.
Quelle nouvelle, ô ciel ! je lui vais annoncer !
550 Encore un coup[7], allons, il n'y faut plus penser.
Je connais mon devoir, c'est à moi de le suivre :
Je n'examine point si j'y pourrai survivre.

---

1. *amusements* : soulagements illusoires.
2. *d'objet* : d'autres objets.
3. *prétendre* : attendre, réclamer.
4. *passe* : dépasse.
5. *tout ce qu'Amour a de nœuds plus puissants* : les liens les plus puissants de l'amour.
6. *art* : artifice.
7. *Encore un coup* : encore une fois.

Questions

Compréhension

1. *Sait-on d'emblée, dans la scène 1, pourquoi Titus désire s'entretenir avec Antiochus (v. 327-328) ? Pourquoi Racine retarde-t-il cette information ?*

2. *Quelles sont, à l'issue de la scène 2, les informations que détient le spectateur ?*

3. *Quels sont les vers dans la scène 2 qui suggèrent la fermeté de la décision de l'empereur ?*

4. *Le rôle de Paulin évolue progressivement au début de l'acte II. Relisez les vers 358 à 366 et expliquez le rôle que lui a confié Titus.*

5. *Quels conseils Paulin donne-t-il à Titus aux vers 491-499 et aux vers 523-527 ? Expliquez en quoi Paulin possède une vision pragmatique et matérialiste du monde, dans la scène 2.*

6. *Dans la scène 2, Titus se livre à une véritable introspection. Quel rôle a joué la mort de son père dans la prise de conscience de son amour et de la réalité politique ?*

7. *Quels changements et quelles qualités Bérénice a-t-elle su développer chez Titus (v. 509-519) ?*

8. *Qu'apprend-on de plus sur Bérénice qui vient contrebalancer sa froideur à l'acte I ?*

Écriture

9. *Relevez dans la scène 2 tous les termes qui désignent la cour de l'empereur. Qu'en déduisez-vous sur l'atmosphère qui y règne ?*

10. *Étudiez la position des vers 446, 490, 497-498, 522, 551-552 dans la tirade* à laquelle ils appartiennent. Quelle force acquièrent-ils ?*

11. *Quel effet produit l'association des termes aux rimes des vers 409-410 et 411-412 dans la scène 2 ?*

Mise en scène

12. *L'acte II s'ouvre sur un univers radicalement différent. Quelle mise en scène, quels décors, quels costumes proposeriez-vous pour mettre en valeur la coexistence du monde oriental et du monde romain ?*

SCÈNE 3. TITUS, PAULIN, RUTILE

RUTILE
Bérénice, Seigneur, demande à vous parler.

TITUS
Ah ! Paulin !

PAULIN
       Quoi ? déjà vous semblez reculer !
555 De vos nobles projets, Seigneur, qu'il vous souvienne[1] ;
Voici le temps[2].

TITUS
       Eh bien ! voyons-la. Qu'elle vienne.

SCÈNE 4. BÉRÉNICE, TITUS, PAULIN, PHÉNICE

BÉRÉNICE
Ne vous offensez pas si mon zèle indiscret[3]
De votre solitude interrompt le secret.
Tandis qu'autour de moi votre cour assemblée
560 Retentit des bienfaits dont vous m'avez comblée,
Est-il juste, Seigneur, que seule en ce moment
Je demeure sans voix[4] et sans ressentiment[5] ?
Mais, Seigneur (car je sais que cet ami sincère[6]
Du secret de nos cœurs connaît tout le mystère),
565 Votre deuil est fini, rien n'arrête vos pas,
Vous êtes seul enfin, et ne me cherchez pas !
J'entends[7] que vous m'offrez un nouveau diadème,
Et ne puis cependant vous entendre vous-même.
Hélas ! plus de repos, Seigneur, et moins d'éclat.
570 Votre amour ne peut-il paraître qu'au sénat ?

1. *qu'il vous souvienne* : souvenez-vous. Voir p. 155.
2. *Voici le temps* : c'est le moment.
3. *indiscret* : qui manque de retenue.
4. *sans voix* : sans que vous veniez me parler.
5. *sans ressentiment* : sans sentiment en retour de votre part (ici, sans reconnaissance).
6. *cet ami sincère* : il s'agit de Paulin.
7. *J'entends* : j'apprends.

Ah ! Titus ! (car enfin l'amour fuit la contrainte
De tous ces noms[1] que suit[2] le respect et la crainte)
De quel soin• votre amour va-t-il s'importuner[3] ?
N'a-t-il que des États qu'il me puisse donner ?
575 Depuis quand croyez-vous que ma grandeur me touche ?
Un soupir, un regard, un mot de votre bouche,
Voilà l'ambition d'un cœur comme le mien.
Voyez-moi plus souvent et ne me donnez rien.
Tous vos moments sont-ils dévoués à l'empire ?
580 Ce cœur, après huit jours, n'a-t-il rien à me dire ?
Qu'un mot va rassurer mes timides esprits[4] !
Mais parliez-vous de moi quand je vous ai surpris ?
Dans vos secrets discours étais-je intéressée[5],
Seigneur ? Étais-je au moins présente à la pensée ?

TITUS

585 N'en doutez point, Madame, et j'atteste les dieux
Que toujours Bérénice est présente à mes yeux.
L'absence ni le temps, je vous le jure encore,
Ne vous peuvent ravir ce cœur qui vous adore.

BÉRÉNICE

Hé quoi ? vous me jurez une éternelle ardeur,
590 Et vous me la jurez avec cette froideur ?
Pourquoi même du ciel attester la puissance ?
Faut-il par des serments vaincre ma défiance ?
Mon cœur ne prétend point, Seigneur, vous démentir,
Et je vous en croirai sur un simple soupir[6].

TITUS

595 Madame...

BÉRÉNICE

Eh bien, Seigneur ? Mais quoi ? sans me répondre,

---

1. *ces noms* : ces appellations, ces titres.
2. *suit* : suivent. Voir p. 155.
3. *De quel soin... s'importuner ?* : de quelles préoccupations votre amour est-il embarrassé ?
4. *timides esprits* : craintes (latinisme).
5. *intéressée* : concernée.
6. *soupir* : mot d'amour.

Vous détournez les yeux et semblez vous confondre[1] !
Ne m'offrirez-vous plus qu'un visage interdit ?
Toujours la mort d'un père occupe votre esprit ?
Rien ne peut-il charmer• l'ennui[2] qui vous dévore ?

TITUS

600 Plût au ciel que mon père, hélas ! vécût encore !
Que je vivais heureux !

BÉRÉNICE

               Seigneur, tous ces regrets
De votre piété[3] sont de justes effets
Mais vos pleurs ont assez honoré sa mémoire,
Vous devez d'autres soins• à Rome, à votre gloire• :
605 De mon propre intérêt je n'ose vous parler.
Bérénice autrefois pouvait vous consoler ;
Avec plus de plaisir vous m'avez écoutée.
De combien de malheurs pour vous persécutée,
Vous ai-je pour un mot sacrifié mes pleurs[4] !
610 Vous regrettez un père. Hélas ! faibles douleurs !
Et moi (ce souvenir me fait frémir encore),
On voulait m'arracher de tout ce que j'adore ;
Moi dont vous connaissez le trouble et le tourment
Quand vous ne me quittez que pour quelque moment ;
615 Moi, qui mourrais le jour qu'[5]on voudrait m'interdire
De vous...

TITUS

           Madame, hélas ! que me venez-vous dire ?
Quel temps[6] choisissez-vous ? Ah ! de grâce, arrêtez.
C'est trop pour un ingrat prodiguer vos bontés.

BÉRÉNICE

Pour un ingrat, Seigneur ! Et le pouvez-vous être ?
620 Ainsi donc mes bontés vous fatiguent peut-être ?

---

1. *confondre* : troubler.
2. *charmer l'ennui* : calmer le tourment par enchantement.
3. *piété* : piété filiale.
4. *vous ai-je... mes pleurs* : j'ai cessé de pleurer sur un mot de vous.
5. *le jour qu'* : le jour où.
6. *temps* : moment.

TITUS
Non, Madame. Jamais, puisqu'il faut vous parler,
Mon cœur de plus de feux ne se sentit brûler.
Mais...

BÉRÉNICE
Achevez.

TITUS
Hélas !

BÉRÉNICE
Parlez.

TITUS
Rome... l'empire...

BÉRÉNICE
Eh bien ?

TITUS
Sortons, Paulin ; je ne lui puis rien dire.

SCÈNE 5. BÉRÉNICE, PHÉNICE

BÉRÉNICE
625 Quoi ! me quitter sitôt, et ne me dire rien ?
Chère Phénice, hélas ! Quel funeste• entretien !
Qu'ai-je fait ? Que veut-il ? et que dit[1] ce silence ?

PHÉNICE
Comme vous, je me perds d'autant plus que j'y pense[2].
Mais ne s'offre-t-il rien à votre souvenir
630 Qui contre vous, Madame, ait pu le prévenir[3] ?
Voyez, examinez.

---

1. *dit* : signifie.
2. *je me perds d'autant plus que j'y pense* : plus j'y pense et plus je m'y perds.
3. *prévenir* : influencer défavorablement.

BÉRÉNICE

                    Hélas ! tu peux m'en croire :
Plus je veux du passé rappeler la mémoire,
Du jour que je le vis jusqu'à ce triste* jour,
635 Plus je vois qu'on me peut reprocher trop d'amour.
Mais tu nous entendais. Il ne faut rien me taire :
Parle. N'ai-je rien dit qui puisse lui déplaire ?
Que sais-je ? J'ai peut-être avec trop de chaleur
Rabaissé ses présents, ou blâmé sa douleur...
N'est-ce point que de Rome il redoute la haine ?
640 Il craint peut-être, il craint d'épouser une reine.
Hélas ! s'il était vrai... Mais non, il a cent fois
Rassuré mon amour contre leurs dures lois[1] ;
Cent fois... Ah ! qu'il m'explique un silence si rude :
Je ne respire pas dans cette incertitude.
645 Moi, je vivrais, Phénice, et je pourrais penser
Qu'il me néglige, ou bien que j'ai pu l'offenser ?
Retournons sur ses pas. Mais quand je m'examine,
Je crois de ce désordre entrevoir l'origine,
Phénice : il aura su tout ce qui s'est passé ;
650 L'amour d'Antiochus l'a peut-être offensé.
Il attend, m'a-t-on dit, le roi de Comagène.
Ne cherchons point ailleurs le sujet de ma peine.
Sans doute ce chagrin[2] qui vient de m'alarmer
N'est qu'un léger soupçon facile à désarmer.
655 Je ne te vante point cette faible victoire,
Titus, Ah ! plût au ciel que, sans blesser ta gloire*,
Un rival plus puissant voulût tenter ma foi*[3],
Et pût mettre à mes pieds plus d'empires que toi,
Que de sceptres sans nombre il pût payer ma flamme,
660 Que ton amour n'eût rien à donner que ton âme :
C'est alors, cher Titus, qu'aimé, victorieux,
Tu verrais de quel prix ton cœur est à mes yeux.
Allons, Phénice, un mot pourra le satisfaire.
Rassurons-nous, mon cœur, je puis encor lui plaire :
665 Je me comptais trop tôt au rang des malheureux ;
Si Titus est jaloux, Titus est amoureux.

---

1. *leurs dures lois* : celles des Romains.
2. *chagrin* : irritation.
3. *tenter ma foi* : mettre ma fidélité à l'épreuve.

Compréhension

1. Dans quel état d'esprit se trouve Titus à l'arrivée de la reine dans la scène 3 ?

2. Titus parle très peu dans la scène 4. Il tente toutefois de s'expliquer à travers quelques allusions à la décision qu'il a prise, lesquelles ?

3. Pourquoi insiste-t-il tant sur l'affirmation de son amour dans la scène 4 ? Quels sont les termes qui révèlent cette insistance ?

4. Quelles paroles de Bérénice ont suscité la réaction de l'empereur au vers 616 ?

5. Le silence de Titus en fait-il un homme lâche (auprès du public, aux yeux de Paulin) ?

6. Quels sont, dans la scène 4, les reproches que Bérénice formule à l'empereur ?

7. À quel moment de sa tirade* (v. 557-584) son discours change-t-il ?

8. L'action dramatique a-t-elle progressé au cours des scènes 3 et 4 ?

9. Le premier face à face de la scène 4 entre Bérénice et Titus s'est-il déroulé selon les attentes du spectateur ? Pourquoi ?

10. Quelle est, dans la scène 5, la réaction immédiate de Bérénice après son entretien avec l'empereur (v. 625-627) ?

11. Énumérez les différentes hypothèses qu'émet la reine au cours de sa tirade (v. 631-664).

12. Quels sont les arguments que Bérénice repousse et quels sont ceux qu'elle retient ? Pourquoi ?

Écriture

13. Quelle est la modalité de la phrase qui prédomine dans le discours de Bérénice à la scène 4 ?

14. Titus répond-il aux interrogations de Bérénice dans cette même scène ? Autour de quel sujet tournent les propos de l'empereur ?

15. Sur quoi repose le malentendu entre les deux personnages dans la scène 4 ? Bérénice donne une fausse interprétation de l'affliction de Titus, à quel moment ?

16. *Les propos de Bérénice trahissent parfois son égocentrisme. Étudiez dans les vers 605 à 615 la valeur et le nombre des pronoms personnels de premier rang. Dans quelle mesure peut-on dire que leur présence entre en contradiction avec le vers 605 ?*

17. *À la fin de la scène 4, le discours de Titus est désarticulé. Quel est l'effet produit par l'alternance de prise de parole sur un même vers (v. 623) ?*

18. *Retrouvez, dans la tirade de Bérénice à la scène 5, tous les éléments qui apparentent son discours à un monologue*•*. Vous étudierez en particulier l'articulation de la pensée et les modalités de la phrase.*

19. *Étudiez le rôle de la ponctuation et les fluctuations du rythme.*

20. *Étudiez les modes verbaux des vers 656 à 662. En quoi ce choix d'écriture révèle-t-il que Bérénice tente d'échapper au présent et continue à se bercer d'illusions ?*

Mise en scène

21. *Comment l'attitude et le déplacement des acteurs sur scène pourraient-ils suggérer l'opposition des deux personnages ?*

22. *Phénice, dans la scène 5, ne parle que très peu. La mise en scène doit-elle, selon vous, faire oublier le personnage, ou bien le mettre en valeur par d'autres procédés ?*

Bilan

L'action

• Ce que nous savons

Titus paraît, il attend Antiochus pour lui parler. D'une part, il a pris la décision de renvoyer Bérénice en Orient, d'autre part, face à elle, il se montre incapable de lui annoncer la mauvaise nouvelle. Rome n'acceptera jamais que son empereur épouse une reine étrangère, mais Titus confie à Paulin qu'il a, depuis huit jours, vainement tenté d'en informer Bérénice. Son amour pour la reine semble l'emporter sur la raison politique. Décidé à surpasser sa passion, il entend pourtant maintenir son projet. Mais lorsque Bérénice paraît, elle lui reproche son manque d'attention à son égard, affirme la sincérité de son amour et Titus est alors dans l'incapacité de prononcer une seule parole et quitte la scène. Seule, Bérénice tente de rechercher une explication à son comportement, évoque la menace de Rome mais finit par se rassurer, supposant une possible jalousie de Titus à l'égard d'Antiochus.

• À quoi faut-il nous attendre ?

L'empereur cédera-t-il à la force de ses sentiments ? Parviendra-t-il à parler à Bérénice ?

Les personnages

• Ce que nous savons

Le spectateur connaît enfin, dans l'acte II, la valeur des sentiments que Titus et Bérénice nourrissent l'un pour l'autre. L'amour de l'empereur est d'autant plus fort qu'il voit sa fin prochaine et inéluctable. Titus se remémore également l'évolution que sa relation avec Bérénice lui a fait subir. Il est parvenu, grâce à elle, à se détacher d'un passé libertin et à tenter de répandre le bien dans la mesure du possible autour de lui.
Quant à Bérénice, son amour pour Titus est réellement désintéressé mais la reine ne veut croire à une éventuelle séparation, cherchant sans cesse des explications à l'indifférence de Titus, elle interprète son manque d'attention comme la manifestation du deuil de son père, ou un trait de jalousie.

• À quoi faut-il nous attendre ?

L'influence que semble avoir Bérénice sur Titus aura-t-elle un effet ultérieur suffisamment puissant pour amener l'empereur à revenir sur sa décision ?

ACTE TROISIÈME

SCÈNE 1. TITUS, ANTIOCHUS, ARSACE

TITUS
Quoi, Prince, vous partiez ? Quelle raison subite
Presse votre départ, ou plutôt votre fuite ?
Vouliez-vous me cacher jusques à vos adieux ?
670 Est-ce comme ennemi que vous quittez ces lieux ?
Que diront avec moi la cour, Rome, l'empire ?
Mais, comme[1] votre ami, que ne puis-je point dire ?
De quoi m'accusez-vous ? Vous avais-je sans choix
Confondu jusqu'ici dans la foule des rois ?
675 Mon cœur vous fut ouvert tant qu'a vécu mon père :
C'était le seul présent que je pouvais vous faire ;
Et lorsque avec mon cœur ma main peut s'épancher,
Vous fuyez mes bienfaits tout prêts à vous chercher ?
Pensez-vous qu'oubliant ma fortune[2] passée
680 Sur ma seule grandeur j'arrête ma pensée,
Et que tous mes amis s'y présentent de loin
Comme autant d'inconnus dont je n'ai plus besoin ?
Vous même, à mes regards qui vouliez vous soustraire,
Prince, plus que jamais vous m'êtes nécessaire.

ANTIOCHUS
685 Moi, Seigneur ?

TITUS
                    Vous.

ANTIOCHUS
                              Hélas ! d'un prince malheureux
Que pouvez-vous, Seigneur, attendre que[3] des vœux ?

TITUS
Je n'ai pas oublié, Prince, que ma victoire
Devait à vos exploits la moitié de sa gloire•,

_____

1. *comme* : en tant que.
2. *fortune* : situation.
3. *attendre que* : attendre d'autre que.

Que Rome vit passer au nombre des vaincus
690 Plus d'un captif chargé des fers d'Antiochus,
Que dans le Capitole[1] elle voit attachées
Les dépouilles des Juifs par vos mains arrachées.
Je n'attends pas de vous de ces sanglants exploits[2],
Et je veux seulement emprunter votre voix.
695 Je sais que Bérénice, à vos soins• redevable[3],
Croit posséder en vous un ami véritable.
Elle ne voit dans Rome et n'écoute que vous ;
Vous ne faites qu'un cœur et qu'une âme avec nous.
Au nom d'une amitié si constante et si belle,
700 Employez le pouvoir que vous avez sur elle :
Voyez-la de ma part.

ANTIOCHUS

    Moi, paraître à ses yeux ?
La reine pour jamais a reçu mes adieux.

TITUS

Prince, il faut que pour moi vous lui parliez encore.

ANTIOCHUS

Ah ! parlez-lui, Seigneur. La reine vous adore.
705 Pourquoi vous dérober vous-même en ce moment
Le plaisir de lui faire un aveu si charmant• ?
Elle l'attend, Seigneur, avec impatience.
Je réponds, en partant, de son obéissance ;
Et même elle m'a dit que, prêt à l'épouser,
710 Vous ne la verrez plus que pour l'y disposer.

TITUS

Ah ! qu'un aveu si doux aurait lieu de me plaire !
Que je serais heureux, si j'avais à le faire !
Mes transports• aujourd'hui s'attendaient d'[4] éclater ;
Cependant aujourd'hui, Prince, il faut la quitter.

---

1. *le Capitole* : l'une des collines de Rome où défilaient les vaincus et où l'on exposait les dépouilles des ennemis.
2. *de ces sanglants exploits* : de renouveler d'autres sanglants exploits.
3. *à vos soins redevable* : qui reconnaît votre empressement à son égard.
4. *s'attendaient d'* : étaient sur le point de. Voir p. 155.

ANTIOCHUS
715 La quitter ! Vous, Seigneur ?

TITUS
                              Telle est ma destinée.
Pour elle et pour Titus il n'est plus d'hyménée* ;
D'un espoir si charmant* je me flattais en vain :
Prince, il faut avec vous qu'elle parte demain.

ANTIOCHUS
Qu'entends-je ? Ô ciel !

TITUS
                              Plaignez ma grandeur importune :
720 Maître de l'univers, je règle sa fortune*,
Je puis faire les rois, je puis les déposer ;
Cependant de mon cœur je ne puis disposer.
Rome, contre les rois de tout temps soulevée,
Dédaigne une beauté dans la pourpre[1] élevée ;
725 L'éclat du diadème et cent rois pour aïeux
Déshonorent ma flamme[2] et blessent[3] tous les yeux.
Mon cœur, libre d'ailleurs[4], sans craindre les murmures,
Peut brûler[5] à son choix dans des flammes obscures[6] ;
Et Rome avec plaisir recevrait de ma main
730 La moins digne beauté qu'elle cache en son sein.
Jules[7] céda lui-même au torrent qui m'entraîne.
Si le peuple demain ne voit partir la reine,
Demain elle entendra ce peuple furieux
Me venir demander son départ à ses yeux[8].
735 Sauvons de cet affront son nom et sa mémoire
Et puisqu'il faut céder, cédons à notre gloire*.
Ma bouche et mes regards, muets depuis huit jours,
L'auront pu préparer à ce triste* discours ;

1. *la pourpre* : couleur symbolisant ici la royauté.
2. *ma flamme* : mon amour.
3. *blessent* : heurtent, choquent.
4. *d'ailleurs* : par ailleurs.
5. *brûler* : aimer.
6. *dans des flammes obscures* : pour des femmes de condition sociale modeste.
7. *Jules* : Jules César, qui a aimé Cléopâtre, mais ne l'a pas épousée.
8. *à ses yeux* : devant elle.

Et même en ce moment, inquiète, empressée,
740 Elle veut qu'à ses yeux j'explique ma pensée.
D'un amant• interdit[1] soulagez le tourment :
Épargnez à mon cœur cet éclaircissement[2].
Allez, expliquez-lui mon trouble et mon silence.
Surtout, qu'elle me laisse éviter sa présence.
745 Soyez le seul témoin de ses pleurs et des miens ;
Portez-lui mes adieux, et recevez les siens ;
Fuyons tous deux, fuyons un spectacle funeste•,
Qui de notre constance accablerait le reste[3].
Si l'espoir de régner et de vivre en mon cœur
750 Peut de son infortune adoucir la rigueur,
Ah ! Prince ! jurez-lui que toujours trop fidèle,
Gémissant dans ma cour, et plus exilé qu'elle,
Portant[4] jusqu'au tombeau le nom de son amant•,
Mon règne ne sera qu'un long bannissement,
755 Si le ciel, non content de me l'avoir ravie,
Veut encor m'affliger par une longue vie.
Vous, que l'amitié seule attache sur ses pas,
Prince, dans son malheur ne l'abandonnez pas.
Que l'Orient vous voie arriver à sa suite ;
760 Que ce soit un triomphe, et non pas une fuite ;
Qu'une amitié si belle ait d'éternels liens ;
Que mon nom soit toujours dans tous vos entretiens.
Pour rendre vos États plus voisins l'un de l'autre,
L'Euphrate bornera son empire et le vôtre.
765 Je sais que le sénat, tout plein de votre nom[5],
D'une commune voix confirmera ce don.
Je joins la Cilicie[6] à votre Comagène.
Adieu. Ne quittez point ma princesse, ma reine,
Tout ce qui de mon cœur fut l'unique désir,
770 Tout ce que j'aimerai jusqu'au dernier soupir.

---

1. *interdit* : déconcerté.
2. *cet éclaircissement* : ces explications.
3. *Qui […] le reste* : Qui accablerait le reste de notre constance.
4. *Gémissant […] exilé […] portant* : participes apposés à « je », sous-entendu dans « *ma* » (v. 752) et « *mon* » (v. 754).
5. *nom* : renommée.
6. *la Cilicie* : province conquise par les Romains à l'ouest de Comagène.

SCÈNE 2. Antiochus, Arsace

Arsace
Ainsi le ciel s'apprête à vous rendre justice.
Vous partirez, Seigneur, mais avec Bérénice.
Loin de vous la ravir, on va vous la livrer.

Antiochus
Arsace, laisse-moi le temps de respirer.
775 Ce changement est grand, ma surprise est extrême.
Titus entre mes mains remet tout ce qu'il aime !
Dois-je croire, grands dieux ! ce que je viens d'ouïr ?
Et quand je le croirais dois-je m'en réjouir ?

Arsace
Mais moi-même, Seigneur, que faut-il que je croie ?
780 Quel obstacle nouveau s'oppose à votre joie ?
Me trompiez-vous tantôt[1] au sortir de ces lieux,
Lorsque encor tout ému de vos derniers adieux,
Tremblant[2] d'avoir oser s'expliquer devant elle,
Votre cœur me contait son audace nouvelle ?
785 Vous fuyiez un hymen• qui vous faisait trembler.
Cet hymen est rompu : quel soin• peut vous troubler ?
Suivez les doux transports• où[3] l'amour vous invite.

Antiochus
Arsace, je me vois chargé de sa conduite[4] ;
Je jouirai longtemps de ses chers entretiens,
790 Ses yeux mêmes pourront s'accoutumer aux miens,
Et peut-être son cœur fera la différence
Des froideurs de Titus à ma persévérance.
Titus m'accable ici du poids de sa grandeur :
Tout disparaît dans Rome auprès de sa splendeur ;
795 Mais, quoique l'Orient soit plein de sa mémoire,
Bérénice y verra les traces de ma gloire•.

---

1. *tantôt* : tout à l'heure.
2. *Tremblant* : se rapporte à « vous », sous-entendu. Voir p. 155.
3. *où* : auxquels.
4. *de sa conduite* : de la ramener dans son pays.

ARSACE
N'en doutez point, Seigneur, tout succède[1] à vos vœux.

ANTIOCHUS
Ah ! que nous nous plaisons à nous tromper[2] tous deux !

ARSACE
Et pourquoi nous tromper ?

ANTIOCHUS
                     Quoi ! je pourrais lui plaire ?
800 Bérénice à mes vœux ne serait plus contraire ?
Bérénice d'un mot flatterait[3] mes douleurs ?
Penses-tu seulement que parmi ses malheurs,
Quand l'univers entier négligerait ses charmes•,
L'ingrate me permît de lui donner des larmes[4],
805 Ou qu'elle s'abaissât jusques à recevoir
Des soins• qu'à mon amour elle croirait devoir ?

ARSACE
Et qui peut mieux que vous consoler sa disgrâce ?
Sa fortune•, Seigneur, va prendre une autre face :
Titus la quitte.

ANTIOCHUS
            Hélas ! de ce grand changement
810 Il ne me reviendra que le nouveau tourment
D'apprendre par ses pleurs à quel point elle l'aime.
Je la verrai gémir, je la plaindrai moi-même ;
Pour fruit de tant d'amour, j'aurai le triste• emploi ;
De recueillir des pleurs qui ne sont pas pour moi.

---

1. *succède* : réussit.
2. *tromper* : leurrer, bercer d'illusions.
3. *flatterait* : calmerait par un discours mensonger.
4. *lui donner des larmes* : pleurer pour elle.

ARSACE

815 Quoi ? ne vous plairez-vous qu'à vous gêner[1] sans cesse ?
Jamais dans un grand cœur vit-on plus de faiblesse ?
Ouvrez les yeux, Seigneur, et songeons entre nous
Par combien de raisons Bérénice est à vous.
Puisque aujourd'hui Titus ne prétend plus lui plaire,
820 Songez que votre hymen• lui devient nécessaire.

ANTIOCHUS
Nécessaire ?

ARSACE
        À ses pleurs accordez quelques jours,
De ses premiers sanglots laissez passer le cours ;
Tout parlera pour vous, le dépit, la vengeance,
L'absence de Titus, le temps, votre présence,
825 Trois sceptres[2] que son bras ne peut seul soutenir,
Vos deux États voisins qui cherchent à s'unir.
L'intérêt, la raison, l'amitié, tout vous lie.

ANTIOCHUS
Oui, je respire, Arsace, et tu me rends la vie :
J'accepte avec plaisir un présage si doux.
830 Que[3] tardons-nous ? Faisons ce qu'on attend de nous.
Entrons chez Bérénice ; et puisqu'on nous l'ordonne,
Allons lui déclarer que Titus l'abandonne...
Mais plutôt demeurons. Que faisais-je ? Est-ce à moi,
Arsace, à me charger de ce cruel• emploi ?
835 Soit vertu, soit amour, mon cœur s'en effarouche.
L'aimable• Bérénice entendrait de ma bouche
Qu'on l'abandonne ? Ah, reine ! et qui l'aurait pensé,
Que ce mot dût jamais vous être prononcé !

---

1. *gêner* : torturer.
2. *Trois sceptres* : les trois royaumes dont Bérénice est à la tête : la Palestine, une partie de l'Arabie et la Syrie.
3. *Que* : Voir p. 155.

ARSACE
La haine sur Titus tombera tout entière,
840 Seigneur : si vous parlez, ce n'est qu'à sa prière.

ANTIOCHUS
Non, ne la voyons point. Respectons sa douleur ;
Assez d'autres viendront lui conter son malheur.
Et ne la crois-tu pas assez infortunée
D'apprendre à quel mépris Titus l'a condamnée,
845 Sans[1] lui donner encor le déplaisir fatal[2]
D'apprendre ce mépris par son propre rival ?
Encore un coup[3], fuyons ; et par cette nouvelle,
N'allons point nous charger d'une haine immortelle.

ARSACE
Ah ! la voici, Seigneur ; prenez votre parti.

ANTIOCHUS
850 Ô ciel !

1. *assez infortunée* […]/*Sans* : [assez infortunée]… pour.
2. *déplaisir fatal* : désespoir funeste, mortel.
3. *Encore un coup* : encore une fois.

Questions

Compréhension

1. Qu'attend précisément Titus d'Antiochus, dans la scène 1 ?
2. Relisez la réplique d'Antiochus des vers 704 à 710. Comment le roi de Comagène interprète-t-il la demande de l'empereur ?
3. Quels moyens de persuasion Titus utilise-t-il auprès d'Antiochus dans la scène 1?
4. L'action évolue-t-elle selon les vœux de Titus dans la scène 2 ?
5. Quelle raison amène Antiochus à la fin de la scène 2 à refuser d'obéir à l'empereur ?
6. Relisez les vers 771 à 786. Arsace comprend-il la réaction d'Antiochus ? Quels sont les vers dans la scène 2 qui témoignent son assurance ? Quels arguments met-il en avant ?
7. Les efforts d'Arsace sont inutiles, pourquoi ?
8. Montrez qu'Antiochus oscille de l'espoir au découragement. Quel aspect de sa personnalité révèlent ces changements ?

Écriture

9. Retrouvez la structure de la tirade de Titus dans la scène 1.
10. Relevez du vers 743 au vers 758 le champ lexical* de la souffrance, celui de la fuite et de l'isolement.
11. Étudiez les différentes formes de la modalité jussive (expression de l'ordre) aux vers 743 à 770. Quels sont les modes verbaux les plus employés ?
12. La tirade de Titus semble redoubler celle de l'acte II (v. 446-490).
13. Étudiez le rôle du rythme et de l'énumération dans la tirade d'Arsace (v. 821-827). Quel vers illustre l'opposition Titus / Antiochus ? Que révèle la présence des adjectifs numéraux sur le caractère d'Arsace ?
14. Dans la scène 2, du vers 779 au vers 787, Antiochus se compare implicitement à Titus. Lequel des deux semble alors l'emporter ? Pourquoi ? Quelle rime met en valeur cette comparaison ?
15. Relisez les vers 788 à 796 et les vers 815-816. Montrez qu'Arsace juge l'attitude de son maître de manière négative.

Mise en scène

16. Dans la scène 2, quelle mise en scène proposeriez-vous pour suggérer l'attitude inverse des deux personnages ?

SCÈNE 3. Bérénice, Antiochus, Arsace, Phénice

Bérénice
    Hé quoi, Seigneur ? vous n'êtes point parti ?

Antiochus
Madame, je vois bien que vous êtes déçue,
Et que c'était César que cherchait votre vue.
Mais n'accusez que lui, si malgré mes adieux
De ma présence encor j'importune vos yeux.
855 Peut-être en ce moment je serais dans Ostie[1],
S'il ne m'eût de sa cour défendu la sortie.

Bérénice
Il vous cherche vous seul. Il nous évite tous.

Antiochus
Il ne m'a retenu que pour parler de vous.

Bérénice
De moi, Prince ?

Antiochus
    Oui, Madame.

Bérénice
       Et qu'a-t-il pu vous dire ?

Antiochus
860 Mille autres mieux que moi pourront vous en instruire.

Bérénice
Quoi, Seigneur ?...

Antiochus
    Suspendez votre ressentiment.
D'autres, loin de se taire en ce même moment,
Triompheraient peut-être, et pleins de confiance,
Céderaient avec joie à votre impatience.
865 Mais moi, toujours tremblant, moi, vous le savez bien,
À qui votre repos est plus cher que le mien,

---

1. *Ostie :* port de Rome, point de départ des bateaux.

Pour ne le point troubler, j'aime mieux vous déplaire,
Et crains votre douleur plus que votre colère.
Avant la fin du jour vous me justifierez[1].
870 Adieu, Madame.

BÉRÉNICE

Ô ciel ! quel discours ! Demeurez,
Prince, c'est trop cacher mon trouble à votre vue :
Vous voyez devant vous une reine éperdue,
Qui, la mort dans le sein, vous demande deux mots.
Vous craignez, dites-vous, de troubler mon repos[2],
875 Et vos refus cruels•, loin d'épargner ma peine,
Excitent ma douleur, ma colère, ma haine.
Seigneur, si mon repos vous est si précieux,
Si moi-même jamais je fus chère à vos yeux,
Éclaircissez le trouble où vous voyez mon âme :
880 Que vous a dit Titus ?

ANTIOCHUS

Au nom des dieux, Madame...

BÉRÉNICE
Quoi ! vous craignez si peu de me désobéir ?

ANTIOCHUS
Je n'ai qu'à vous parler pour me faire haïr.

BÉRÉNICE
Je veux que vous parliez.

ANTIOCHUS

Dieux ! quelle violence !
Madame, encore un coup, vous louerez mon silence.

BÉRÉNICE
885 Prince, dès ce moment[3] contentez mes souhaits,
Ou soyez de ma haine assuré pour jamais.

---

1. *justifierez* : rendrez justice.
2. *repos* : sérénité, paix.
3. *dès ce moment* : dès à présent.

ANTIOCHUS
Madame, après cela, je ne puis plus me taire.
Eh bien, vous le voulez, il faut vous satisfaire.
Mais ne vous flattez point[1] : je vais vous annoncer
890 Peut-être des malheurs où vous n'osez penser.
Je connais votre cœur : vous devez vous attendre
Que je le vais frapper[2] par l'endroit le plus tendre.
Titus m'a commandé...

BÉRÉNICE

                    Quoi ?

ANTIOCHUS

                             De vous déclarer
Qu'à jamais l'un de l'autre il faut vous séparer.

BÉRÉNICE
895 Nous séparer ? Qui ? Moi ? Titus de Bérénice !

ANTIOCHUS
Il faut que devant vous je lui rende justice :
Tout ce que dans un cœur sensible et généreux•
L'amour au désespoir peut rassembler d'affreux,
Je l'ai vu dans le sien. Il pleure ; il vous adore ;
900 Mais enfin que[3] lui sert de vous aimer encore ?
Une reine est suspecte à l'empire romain.
Il faut vous séparer, et vous partez demain.

BÉRÉNICE
Nous séparer ! Hélas, Phénice !

PHÉNICE

                           Eh bien, Madame,
Il faut ici montrer la grandeur de votre âme.
905 Ce coup sans doute est rude ; il doit vous étonner[4].

---

1. *ne vous flattez point* : ne vous faites pas d'illusions.
2. *Que je vais le frapper* : à ce que je le frappe.
3. *que* : à quoi.
4. *étonner* : frapper comme un coup de tonnerre.

BÉRÉNICE

Après tant de serments, Titus m'abandonner !
Titus qui me jurait... Non, je ne le puis croire :
Il ne me quitte point, il y va de sa gloire*.
Contre son innocence on veut me prévenir[1].
910 Ce piège n'est tendu que pour nous désunir.
Titus m'aime, Titus ne veut point que je meure.
Allons le voir : je veux lui parler tout à l'heure[2],
Allons.

ANTIOCHUS

    Quoi ? vous pourriez ici me regarder...

BÉRÉNICE

Vous le souhaitez trop pour me persuader.
915 Non, je ne vous crois point. Mais quoi qu'il en puisse être,
Pour jamais à mes yeux gardez-vous de paraître.

                        (À Phénice)

Ne m'abandonne pas dans l'état où je suis.
Hélas ! pour me tromper je fais ce que je puis.

SCÈNE 4. ANTIOCHUS, ARSACE

ANTIOCHUS

920 Ne me trompé-je point ? L'ai-je bien entendue ?
Que je me garde, moi, de paraître à sa vue ?
Je m'en garderai bien. Et ne partais-je pas,
Si Titus malgré moi n'eût arrêté mes pas ?
Sans doute[3] il faut partir. Continuons, Arsace.
925 Elle croit m'affliger, sa haine me fait grâce[4].
Tu me voyais tantôt inquiet, égaré :
Je partais amoureux, jaloux, désespéré,
Et maintenant, Arsace, après cette défense,
Je partirai peut-être avec indifférence.

---

1. *on veut me prévenir* : on veut me monter.
2. *tout à l'heure* : tout de suite.
3. *Sans doute* : sans aucun doute.
4. *me fait grâce* : me fait une faveur.

ARSACE
Moins que jamais, Seigneur, il faut vous éloigner.

ANTIOCHUS
930 Moi, je demeurerai pour me voir dédaigner ?
Des froideurs de Titus je serai responsable ?
Je me verrai puni parce qu'il est coupable ?
Avec quelle injustice et quelle indignité
Elle doute à mes yeux de ma sincérité !
935 Titus l'aime, dit-elle, et moi je l'ai trahie.
L'ingrate ! m'accuser de cette perfidie !
Et dans quel temps[1] encor ? dans le moment fatal•
Que j'étale à ses yeux les pleurs de mon rival,
Que pour la consoler je le faisais paraître
940 Amoureux et constant, plus qu'il ne l'est peut-être.

ARSACE
Et de quel soin•, Seigneur, vous allez-vous troubler ?
Laissez à ce torrent le temps de s'écouler ;
Dans huit jours, dans un mois, n'importe, il faut qu'il passe.
Demeurez seulement.

ANTIOCHUS
                    Non je la quitte, Arsace.
945 Je sens qu'à sa douleur je pourrais compatir :
Ma gloire•, mon repos, tout m'excite[2] à partir.
Allons ; et de si loin évitons la cruelle,
Que de longtemps, Arsace, on ne nous parle d'elle.
Toutefois il nous reste encore assez de jour :
950 Je vais dans mon palais attendre ton retour.
Va voir si la douleur ne l'a point trop saisie,
Cours ; et partons du moins assurés de sa vie[3].

---

1. *dans quel temps* : à quel moment.
2. *excite* : incite.
3. *assurés de sa vie* : assurés que Bérénice n'a pas attenté à sa vie.

Questions

Compréhension

1. *Retrouvez la structure de la scène 3. Analysez la progression des réticences d'Antiochus. À quel moment se décide-t-il à parler ?*

2. *Par quel moyen dans la scène 3 Bérénice parvient-elle à faire parler Antiochus ? Sur quels sentiments du roi joue-t-elle ?*

3. *Comparez les vers 910-913 aux vers 917-918. À quel combat intérieur la reine se livre-t-elle ?*

4. *Quel conseil Arsace donne-t-il à Antiochus dans la scène 4 ? Ce conseil tient-il compte de la réalité ?*

5. *La scène 3 change notablement les données du problème. Analysez les réactions de Bérénice avant et après la révélation d'Antiochus.*

6. *Pourquoi interprète-t-elle faussement le discours d'Antiochus dans la scène 3 ?*

7. *Par quel terme compléteriez-vous l'interruption du vers 919 ? Pourquoi Antiochus hésite-t-il à le prononcer ?*

8. *Dans quelle mesure peut-on dire que Bérénice s'enferme dans son entêtement ? Pourquoi refuse-t-elle de voir la réalité en face ?*

9. *Les réticences d'Antiochus sont-elles formelles ou sincères, dans la scène 3 ? Quels vers révèlent l'authenticité et la force de son amour pour la reine ?*

Écriture

10. *Quel procédé récurrent permet l'enchaînement des répliques ? Quel est l'effet souhaité ?*

11. *Quel nom porte la figure de style du vers 876 ? Expliquez son fonctionnement.*

12. *Quels vers reprennent les vers 902-903 ? Quel est le rôle de ces reprises ?*

13. *Relevez les marques stylistiques de l'indignation et de l'amertume d'Antiochus, des vers 930 à 940, dans la scène 4.*

Mise en scène

14. *En réfléchissant sur le mouvement des acteurs, les silences, les temps de parole, la vitesse d'élocution et les interruptions, proposez une mise en scène de la scène 3.*

Bilan

L'action

• Ce que nous savons

Contrairement aux deux premiers actes, tournés vers le passé à travers l'évocation de souvenirs personnels ou historiques, l'acte III, acte central de la tragédie, fonctionne comme un pivot, se tournant résolument vers un avenir qui semble déjà tracé. Titus confère à Antiochus un rôle de porte-parole. Ce dernier devra annoncer à Bérénice qu'elle doit se séparer de l'empereur. Il songe aux sentiments que celle-ci a pour Titus et oscille, malgré les propos optimistes d'Arsace, entre l'espoir d'un amour possible et l'inquiétude. Il décide finalement de ne pas dévoiler à Bérénice ses sentiments, lorsque celle-ci paraît soudain. Tiraillé entre son amour pour la reine qui l'incite à la préserver et la pression que celle-ci lui fait subir, Antiochus est rejeté par Bérénice qui affecte de ne pas croire que Titus la renvoie, et refuse désormais qu'Antiochus paraisse à ses yeux. Le roi de Comagène n'a plus d'autre issue alors que de quitter l'Italie. Il partira le soir même, après s'être assuré que la reine de Judée n'aura pas tenté de mettre fin à ses jours.

• À quoi faut-il nous attendre ?

À l'issue de l'acte III, le dénouement semble prévisible, car Bérénice connaît la décision de Titus. Sera-t-elle prête à l'accepter ? Quels moyens de pression a-t-elle d'ailleurs en son pouvoir pour remédier à ce départ contraint ? Tentera-t-elle d'utiliser l'amour d'Antiochus pour rendre Titus jaloux ? Mais ce procédé n'est-il pas vain, et d'ailleurs trop bas, pour une héroïne racinienne ?

Les personnages

• Ce que nous savons

Antiochus était au centre de l'acte I, Titus au centre de l'acte II. Les deux hommes se rencontrent enfin, mais seul Antiochus aura un entretien avec Bérénice. C'est le roi de Comagène qui occupe ici l'avant-scène, son caractère s'y dessine avec davantage de précision. Quant à Bérénice, son portrait psychologique s'y confirme également.
À maintes reprises dans l'acte III, Antiochus se montre aux yeux des spectateurs d'abord comme un homme qui souffre. Il hésite à

se faire le porteur de la mauvaise nouvelle et finit par être considéré comme un faiseur d'histoires par Bérénice, qui le rejette. Le présent n'est plus pour lui que souffrance, et l'avenir, aux côtés ou loin de Bérénice, n'apparaît guère plus serein. Antiochus conserve toutefois sa dignité, il refuse les paroles optimistes d'Arsace, il ne réitère pas sa déclaration d'amour auprès de la reine, s'efface même, non seulement pour préserver celle-ci (v. 843-846 et v. 944-945) mais également pour mettre en avant la sincérité de la douleur et de l'amour de Titus pour Bérénice (v. 896-899).

Bérénice pour sa part est fidèle au portrait qu'elle donne au spectateur depuis le début de la pièce. Enfermée dans ses illusions, elle refuse de voir la réalité en face (v. 904-911), accuse Antiochus de manigance (v. 914-915), s'emporte contre lui. Mais au fond, elle n'est pas dupe, elle tente simplement de cacher sa souffrance sous la colère, comme en témoignent les derniers mots de la scène 3, lorsque Bérénice se retourne vers sa confidente.

• À quoi faut-il nous attendre ?

Le rideau tombe sur les inquiétudes d'Antiochus quant à la vie de la reine. On peut en effet se demander si celle-ci ne va pas attenter à ses jours par désespoir.

Écriture

Soignant particulièrement l'ordre d'entrée des personnages et procédant souvent à des effets de retard pour ménager l'intérêt du spectateur, Racine n'a placé Titus sur scène que le temps d'une délégation de parole, au début de l'acte III. Si désormais le spectateur peut s'attendre à une séparation finale des trois protagonistes, il reste une scène que chacun attend : le face à face de Titus et de Bérénice, dernière opportunité donnée à la reine pour tenter, une ultime fois, de convaincre l'empereur de faire volte-face.

Francine Bergé dans Bérénice, mise en scène de Roger Planchon,
Montparnasse, le 4 avril 1970.

ACTE QUATRIÈME

SCÈNE 1. Bérénice, *seule*

Phénice ne vient point ? Moments trop rigoureux,
Que vous paraissez lents à mes rapides vœux[1] !
955 Je m'agite, je cours, languissante, abattue ;
La force m'abandonne et le repos me tue.
Phénice ne vient point. Ah ! que cette longueur
D'un présage funeste• épouvante mon cœur !
Phénice n'aura point de réponse à me rendre ;
960 Titus, l'ingrat Titus n'a point voulu l'entendre ;
Il fuit, il se dérobe à ma juste fureur•.

SCÈNE 2. Bérénice, Phénice

Bérénice
Chère Phénice, eh bien ? as-tu vu l'empereur ?
Qu'a-t-il dit ? Viendra-t-il ?

Phénice
                              Oui, je l'ai vu, Madame,
Et j'ai peint à ses yeux le trouble de votre âme.
965 J'ai vu couler des pleurs qu'il voulait retenir.

Bérénice
Vient-il ?

Phénice
          N'en doutez point, Madame, il va venir.
Mais voulez-vous paraître en ce désordre extrême ?
Remettez-vous, Madame, et rentrez en vous-même[2].
Laissez-moi relever ces voiles détachés,

---

1. *rapides vœux* : désirs impatients.
2. *rentrez en vous-même* : reprenez-vous.

970 Et ces cheveux épars dont vos yeux sont cachés.
Souffrez que de vos pleurs je répare l'outrage.

BÉRÉNICE
Laisse, laisse, Phénice, il verra son ouvrage.
Et que m'importe, hélas ! de[1] ces vains ornements ?
Si ma foi•, si mes pleurs, si mes gémissements,
975 Mais que dis-je mes pleurs ? si ma perte certaine,
Si ma mort toute prête enfin ne le ramène,
Dis-moi, que produiront tes secours superflus,
Et tout ce faible éclat[2] qui ne le touche plus ?

PHÉNICE
Pourquoi lui faites-vous cet injuste reproche ?
980 J'entends du bruit, Madame, et l'empereur s'approche.
Venez, fuyez la foule, et rentrons promptement ;
Vous l'entretiendrez seul dans votre appartement.

SCÈNE 3. TITUS, PAULIN, SUITE

TITUS
De la reine, Paulin, flattez[3] l'inquiétude :
Je vais la voir. Je veux un peu de solitude.
Qu'on me laisse.

985 PAULIN
                    Ô ciel ! que je crains ce combat !
Grands dieux, sauvez sa gloire• et l'honneur de l'État.
Voyons la reine.

---

1. *que m'importe* […] *de* : que m'importe.
2. *éclat* : éclat de ma beauté.
3. *flattez* : calmez.

Questions

Compréhension

1. Décrivez, en vous appuyant sur des exemples précis, l'état dans lequel se trouve Bérénice :
– avant l'arrivée de Phénice (scène 1) ;
– à l'approche de Titus (scène 2).

2. Comment se trouve suggéré l'accablement de l'empereur dans les scènes 2 et 3 ?

3. Quel rôle tiennent respectivement les deux confidents, Phénice et Paulin, dans les scènes 2 et 3 ?

Écriture

4. Étudiez dans la scène 1 les marques stylistiques de l'angoisse et de la douleur :
– en examinant particulièrement le rôle des parallélismes, des oppositions, du rythme, des interjections.
– en relevant le champ lexical* du mouvement (v. 953-956).

5. Comment, dans la scène 2, se traduit le découragement de la reine (v. 972 à 978) ? Relevez les termes qui constituent la gradation des vers 974 à 976.

6. L'appréhension et la douleur de Titus sont suggérées par une extrême concision dans la scène 3. Comment celle-ci est-elle rendue sur le plan stylistique ?

Mise en scène

7. Relevez dans les scènes 2 et 3 toutes les indications scéniques présentes dans le discours des personnages.

8. Comment, selon vous, doit se comporter Bérénice sur scène ?

9. La liaison des scènes 2 et 3 répond-elle aux exigences du théâtre classique ? Pourquoi ?
Qu'est-ce qui motive cette rupture avec les contraintes du genre sur les plans dramatique et psychologique ?
Quelle mise en scène pourrait remédier à cette absence de personnages entre ces scènes 2 et 3 ?

SCÈNE 4. TITUS, *seul*

     Eh bien, Titus, que viens-tu de faire ?
Bérénice t'attend. Où viens-tu, téméraire ?
Tes adieux sont-ils prêts ? T'es-tu bien consulté ?
990 Ton cœur te promet-il assez de cruauté ?
Car enfin au combat qui pour toi se prépare
C'est peu d'être constant, il faut être barbare.
Soutiendrai-je ces yeux dont la douce langueur
Sait si bien découvrir les chemins de mon cœur ?
995 Quand je verrai ces yeux armés de tous leurs charmes•,
Attachés sur les miens, m'accabler de leurs larmes,
Me souviendrai-je alors de mon triste• devoir ?
Pourrai-je dire enfin : « Je ne veux plus vous voir » ?
Je viens percer un cœur que j'adore, qui m'aime ;
1000 Et pourquoi le percer ? Qui l'ordonne ? Moi-même.
Car enfin Rome a-t-elle expliqué ses souhaits ?
L'entendons-nous crier autour de ce palais ?
Vois-je l'État penchant au bord du précipice ?
Ne le puis-je sauver que par ce sacrifice ?
1005 Tout se tait, et moi seul, trop prompt à me troubler,
J'avance des malheurs que je puis reculer.
Et qui sait si sensible aux vertus• de la reine
Rome ne voudra point l'avouer[1] pour Romaine ?
Rome peut par son choix justifier le mien.
1010 Non, non, encore un coup[2], ne précipitons rien.
Que Rome avec ses lois mette dans la balance
Tant de pleurs, tant d'amour, tant de persévérance :
Rome sera pour nous... Titus, ouvre les yeux !
Quel air respires-tu ? N'es-tu pas dans ces lieux
1015 Où la haine des rois, avec le lait sucée[3],
Par crainte ou par amour ne peut être effacée ?
Rome jugea ta reine en condamnant ses rois.
N'as-tu pas en naissant entendu cette voix ?
Et n'as-tu pas encore ouï la renommée
1020 T'annoncer ton devoir jusque dans ton armée ?

---

1. *l'avouer* : la reconnaître.
2. *encore un coup* : encore une fois.
3. *avec le lait sucée* : apprise dès la plus tendre enfance.

Et lorsque Bérénice arriva sur tes pas,
Ce que Rome en jugeait ne l'entendis-tu pas ?
Faut-il donc tant de fois te le faire redire ?
Ah lâche ! fais l'amour[1] et renonce à l'empire ;
1025 Au bout de l'univers va, cours te confiner,
Et fais place à des cœurs plus dignes de régner.
Sont-ce là ces projets de grandeur et de gloire•
Qui devaient dans les cœurs consacrer ma mémoire ?
Depuis huit jours je règne, et jusques à ce jour
1030 Qu'ai-je fait pour l'honneur ? J'ai tout fait pour l'amour.
D'un temps si précieux quel compte puis-je rendre ?
Où sont ces jours heureux que je faisais attendre ?
Quels pleurs ai-je séchés ? Dans quels yeux satisfaits
Ai-je déjà goûté le fruit de mes bienfaits ?
1035 L'univers a-t-il vu changer ses destinées ?
Sais-je combien le ciel m'a compté de journées[2] ?
Et de ce peu de jours si longtemps attendus,
Ah malheureux ! combien j'en ai déjà perdus !
Ne tardons plus : faisons ce que l'honneur exige ;
1040 Rompons le seul lien...

1. *fais l'amour* : aime-la.
2. *le ciel m'a compté de journées* : de jours le ciel m'a donné à vivre.

Questions

Compréhension

1. Dans la scène 4, relevez dans un tableau, d'une part les arguments pour le mariage de Titus et de Bérénice, et d'autre part les arguments contre. Lesquels sont pour Titus les plus convaincants ? Pourquoi ?

2. Comment les hésitations de Titus sont-elles suggérées au début de la scène 4 ?

3. Justifiez l'emploi des trois adjectifs dont se sert Titus pour parler de lui (v. 988, 1024, 1038).

4. À quoi l'empereur compare-t-il sa rencontre avec Bérénice aux vers 989 à 997 ? Relevez tous les termes de la comparaison dans ce passage. En quoi cette analogie est-elle significative ?

5. À quel endroit Bérénice est-elle évoquée dans la scène 4 ? Dans quel contexte ? Peut-on dire que l'image que se forge Titus de la reine est conforme à celle qu'a eue le peuple romain à son arrivée ?

6. Dans quelle mesure peut-on dire que le combat de Titus, au-delà de celui de l'amour et de l'honneur, est une lutte entre l'illusion et la réalité (voir v. 1013) ?

Écriture

7. Dégagez puis commentez la structure de la scène 4.

8. Quels pronoms personnels sont utilisés par Titus dans la scène 4 ? En quoi cette alternance est-elle significative dans un monologue* délibératif ?
Quel est le rôle de l'un de ces pronoms au vers 993 ? Quelle voix représente-t-il ?
Quel est le rôle de l'autre, aux vers 1014 à 1023 ?
Quelle valeur prend alors le « nous » aux vers 1039 et 1040 ?

9. Quels sont les modes verbaux et les modalités de la phrase les plus employés dans la scène 4 ? En quoi ce choix ressortit-il au monologue ?

10. Le discours de Titus fait appel à de nombreuses images visuelles, concrétisées par le langage métaphorique*. Expliquez leur fonctionnement et l'effet qu'elles produisent, notamment dans les vers 995-996, 1001 à 1003 et 1015.

SCÈNE 5. Titus, Bérénice

Bérénice, *en sortant*[1]
                    Non, laissez-moi, vous dis-je ;
En vain tous vos conseils me retiennent ici,
Il faut que je le voie. Ah ! Seigneur, vous voici !
Eh bien ? il est donc vrai que Titus m'abandonne ?
Il faut nous séparer ; et c'est lui qui l'ordonne !

Titus
1045 N'accablez point, Madame, un prince malheureux.
Il ne faut point ici nous attendrir tous deux.
Un trouble assez cruel m'agite et me dévore,
Sans que des pleurs si chers me déchirent encore.
Rappelez bien plutôt ce cœur[2] qui tant de fois
1050 M'a fait de mon devoir reconnaître la voix.
Il est temps. Forcez votre amour à se taire,
Et d'un œil que la gloire• et la raison éclaire[3]
Contemplez mon devoir dans toute sa rigueur.
Vous-même, contre vous, fortifiez mon cœur,
1055 Aidez-moi, s'il se peut, à vaincre ma faiblesse,
À retenir des pleurs qui m'échappent sans cesse ;
Ou, si nous ne pouvons commander à nos pleurs,
Que la gloire du moins soutienne nos douleurs,
Et que tout l'univers reconnaisse sans peine
1060 Les pleurs d'un empereur et les pleurs d'une reine.
Car enfin, ma Princesse, il faut nous séparer.

Bérénice
Ah ! cruel ! est-il temps de me le déclarer ?
Qu'avez-vous fait ? Hélas ! je me suis crue aimée.
Au plaisir de vous voir mon âme accoutumée
1065 Ne vit plus que pour vous. Ignoriez-vous vos lois
Quand je vous l'avouai pour la première fois ?
À quel excès d'amour m'avez-vous amenée ?

---

1. *en sortant* : Bérénice sort de son appartement, elle s'adresse ici à ses servantes.
2. *ce cœur* : ce courage.
3. *Que la gloire… éclaire* : accord avec le sujet le plus proche. Voir p. 155.

Que ne me disiez-vous : « Princesse infortunée,
« Où vas-tu t'engager, et quel est ton espoir ?
1070 « Ne donne point un cœur qu'on ne peut recevoir. »
Ne l'avez-vous reçu, cruel, que pour le rendre,
Quand de vos seules mains ce cœur voudrait dépendre ?
Tout l'empire a vingt fois conspiré contre nous.
Il était temps encor : que¹ ne me quittiez-vous ?
1075 Mille raisons alors consolaient ma misère :
Je pouvais de ma mort accuser votre père :
Le peuple, le sénat, tout l'empire romain,
Tout l'univers, plutôt qu'une si chère main.
Leur haine, dès² longtemps contre moi déclarée,
1080 M'avait à mon malheur dès longtemps préparée.
Je n'aurais pas, Seigneur, reçu ce coup cruel
Dans le temps que³ j'espère un bonheur immortel,
Quand votre heureux amour peut tout ce qu'il désire,
Lorsque Rome se tait, quand votre père expire,
1085 Lorsque tout l'univers fléchi à vos genoux,
Enfin quand je n'ai plus à redouter que vous.

TITUS

Et c'est moi seul aussi qui pouvais me détruire.
Je pouvais vivre alors et me laisser séduire ;
Mon cœur se gardait bien d'aller dans l'avenir
1090 Chercher ce qui pouvait un jour nous désunir.
Je voulais qu'à mes vœux rien ne fût invincible,
Je n'examinais rien, j'espérais l'impossible.
Que sais-je ⁴ ? j'espérais de mourir à vos yeux,
Avant que d'en venir à ces cruels adieux.
1095 Les obstacles semblaient renouveler ma flamme•,
Tout l'empire parlait, mais la gloire•, Madame,
Ne s'était point encore fait entendre à mon cœur
Du ton dont elle parle au cœur d'un empereur.
Je sais tous les tourments où ce destin me livre,

---

1. *que* : pourquoi.
2. *dès* : depuis.
3. *Dans le temps que* : au moment où.
4. *j'espérais de* : j'espérais. Voir p. 155.

1100 Je sens bien que sans vous je ne saurais plus vivre,
Que mon cœur de moi-même est prêt de s'éloigner,
Mais il ne s'agit plus de vivre, il faut régner.

BÉRÉNICE
Eh bien ! régnez, cruel, contentez votre gloire* :
Je ne dispute[1] plus. J'attendais, pour vous croire,
1105 Que cette même bouche, après mille serments
D'un amour qui devait unir tous nos moments,
Cette bouche, à mes yeux s'avouant infidèle,
M'ordonnât elle-même une absence éternelle.
Moi-même j'ai voulu vous entendre en ce lieu.
1110 Je n'écoute plus rien, et pour jamais[2] : adieu...
Pour jamais ! Ah, Seigneur ! songez-vous en vous-même
Combien ce mot cruel est affreux quand on aime ?
Dans un mois, dans un an, comment souffrirons-nous[3],
Seigneur, que tant de mers me séparent de vous ?
1115 Que le jour recommence et que le jour finisse,
Sans que jamais Titus puisse voir Bérénice,
Sans que de tout le jour je puisse voir Titus ?
Mais quelle est mon erreur, et que de soins* perdus[4] !
L'ingrat, de mon départ consolé par avance,
1120 Daignera-t-il compter les jours de mon absence ?
Ces jours si longs pour moi lui sembleront trop courts.

TITUS
Je n'aurai pas, Madame, à compter tant de jours.
J'espère que bientôt la triste* renommée
Vous fera confesser que vous étiez aimée.
1125 Vous verrez que Titus n'a pu, sans expirer...

BÉRÉNICE
Ah ! Seigneur, s'il est vrai, pourquoi nous séparer ?
Je ne vous parle point d'un heureux hyménée* ;

---

1. *dispute* : discute.
2. *jamais* : toujours.
3. *souffrirons-nous* : supporterons-nous.
4. *soins perdus* : problèmes inutiles.

Rome à ne plus vous voir m'a-t-elle condamnée ?
Pourquoi m'enviez-vous[1] l'air que vous respirez ?

TITUS

1130 Hélas ! vous pouvez tout, Madame : demeurez,
Je n'y résiste point. Mais je sens ma faiblesse :
Il faudra vous combattre et vous craindre sans cesse,
Et sans cesse veiller à retenir mes pas,
Que vers vous à toute heure entraînent vos appas[2].
1135 Que dis-je ? En ce moment mon cœur, hors de lui-même,
S'oublie, et se souvient seulement qu'il vous aime.

BÉRÉNICE

Eh bien, Seigneur, eh bien ! qu'en peut-il arriver ?
Voyez-vous les Romains prêts à se soulever ?

TITUS

Et qui sait de quel œil ils prendront cette injure[3] ?
1140 S'ils parlent, si les cris succèdent au murmure,
Faudra-t-il par le sang justifier mon choix ?
S'ils se taisent, Madame, et me vendent leurs lois,
À quoi m'exposez-vous ? Par quelle complaisance
Faudra-t-il quelque jour payer leur patience ?
1145 Que n'oseront-ils point alors me demander ?
Maintiendrai-je des lois que je ne puis garder[4] ?

BÉRÉNICE

Vous ne comptez pour rien les pleurs de Bérénice !

TITUS

Je les compte pour rien ? Ah ciel ! quelle injustice !

BÉRÉNICE

Quoi ? pour d'injustes lois que vous pouvez changer,
1150 En d'éternels chagrins vous-même vous plonger ?

---

1. *m'enviez-vous* : me refusez-vous comme si vous me l'enviiez.
2. *vos appas* : votre charme.
3. *cette injure* : cet affront (si Bérénice reste à Rome).
4. *garder* : appliquer à moi-même.

Rome a ses droits, Seigneur : n'avez-vous pas les vôtres ?
Ses intérêts sont-ils plus sacrés que les nôtres ?
Dites, parlez.

TITUS

              Hélas ! que vous me déchirez !

BÉRÉNICE
Vous êtes empereur, Seigneur, et vous pleurez !

TITUS
1155 Oui, Madame, il est vrai, je pleure, je soupire,
Je frémis. Mais enfin, quand j'acceptai l'empire,
Rome me fit jurer de maintenir ses droits :
Il les faut maintenir. Déjà plus d'une fois,
Rome a de mes pareils exercé la constance[1].
1160 Ah ! si vous remontiez jusques à sa naissance,
Vous les verriez toujours à ses ordres soumis :
L'un, jaloux de sa foi[2], va chez les ennemis
Chercher, avec la mort, la peine toute prête[3] ;
D'un fils victorieux l'autre proscrit la tête[4] ;
1165 L'autre, avec des yeux secs et presque indifférents,
Voit mourir ses deux fils, par son ordre expirants[5].
Malheureux ! mais toujours la patrie et la gloire•
Ont parmi les Romains remporté la victoire.
Je sais qu'en vous quittant le malheureux Titus
1170 Passe[6] l'austérité de toutes leurs vertus•,
Qu'elle n'approche point de cet effort insigne,
Mais, Madame, après tout, me croyez-vous indigne
De laisser un exemple à la postérité,
Qui sans de grands efforts ne puisse être imité ?

---

1. *a de mes pareils exercé la constance* : a mis à l'épreuve la constance de mes prédécesseurs.
2. *jaloux de sa foi* : désireux de se montrer fidèle à sa parole.
3. *L'un, jaloux [...] prête* : Il s'agit du consul Regulus qui, prisonnier des Carthaginois, fut envoyé à Rome pour engager des négociations. Persuadant le Sénat de ne pas céder, il retourna à Carthage où il fut exécuté en 250 av. J.-C.
4. *D'un fils [...] la tête* : Manlius Torquatus condamna à mort son fils pour avoir livré une bataille, qu'il remporta, mais sans son ordre, en 340 av. J.-C.
5. *par son ordre expirants* : accord du participe présent avec son agent. Voir p. 155.
6. *Passe* : surpasse.

BÉRÉNICE

1175 Non, je crois tout facile à votre barbarie.
Je vous crois digne, ingrat, de m'arracher la vie.
De tous vos sentiments mon cœur est éclairci ;
Je ne vous parle plus de me laisser ici.
Qui ? moi, j'aurais voulu, honteuse et méprisée
1180 D'un peuple qui me hait soutenir la risée ?
J'ai voulu vous pousser jusques à ce refus.
C'en est fait, et bientôt vous ne me craindrez plus.
N'attendez pas ici que j'éclate en injures,
Que j'atteste le ciel, ennemi des parjures ;
1185 Non ; si le ciel encore est touché de mes pleurs,
Je le prie en mourant d'oublier mes douleurs.
Si je forme des vœux contre votre injustice,
Si devant que[1] mourir la triste Bérénice
Vous veut de son trépas laisser quelque vengeur,
1190 Je ne le cherche, ingrat, qu'au fond de votre cœur.
Je sais que tant d'amour n'en peut être effacée[2],
Que ma douleur présente, et ma bonté passée,
Mon sang qu'en ce palais je veux même verser,
Sont autant d'ennemis que je vais vous laisser ;
1195 Et, sans me repentir de ma persévérance,
Je me remets sur eux de toute ma vengeance.
Adieu.

---

1. *Si devant que* : si avant de.
2. *effacée* : s'accorde avec « amour », masculin ou féminin au XVIIᵉ siècle.

Questions

Compréhension

1. *Quel est le principal reproche que formule Bérénice des vers 1062 à 1086 ?*

2. *Quelle est l'attitude de Titus dans sa réponse (v. 1087-1102) ?*

3. *Expliquez l'importance du vers 1102.*

4. *Étudiez la dimension pathétique* de la projection dans l'avenir que fait Bérénice aux vers 1111-1117. Comment parvient-elle à rendre plus sensible la douleur de l'absence ?*

5. *Quel compromis Bérénice propose-t-elle à Titus des vers 1126 à 1129 ?*

6. *Comment se traduit, à la fin de la scène 5 (à partir du vers 1139), le conflit entre intérêt privé et intérêt politique ?*

7. *À quels arguments Titus fait-il appel dans sa tirade (v. 1155 à 1174) ?*

8. *Quelle est la menace sous-jacente dans les propos de Bérénice (v. 1183 à 1196) ?*

9. *Qui l'emporte dans ce rapport de force ?*

Écriture

10. *Relevez toutes les allusions à la mort que font les deux personnages dans la scène 5. Que suggère leur nombre ?*

11. *Relevez toutes les occurrences des mots « pleurs », « pleurer » et « cruel » dans la scène 5. Qu'en déduisez-vous ?*

Mise en scène

12. *Quels jeux de scène (déplacements des personnages, éclairage, etc.) pourraient, selon vous, être adoptés pour mettre en valeur le conflit et en même temps l'amour de Titus et de Bérénice dans la scène 5 ?*

13. *Sur quel ton et avec quel débit devraient être prononcés les vers 1103 à 1121 ? Étudiez les changements de rythme de cette tirade de Bérénice, en montrant qu'ils révèlent des changements psychologiques de la part du personnage.*

SCÈNE 6. TITUS, PAULIN

PAULIN

   Dans quel dessein vient-elle de sortir,
Seigneur ? Est-elle enfin disposée à partir ?

TITUS

Paulin, je suis perdu, je n'y pourrai survivre :
1200 La reine veut mourir. Allons, il faut la suivre.
Courons à son secours.

PAULIN

      Hé quoi ? n'avez-vous pas
Ordonné dès tantôt qu'on observe[1] ses pas ?
Ses femmes, à toute heure autour d'elle empressées,
Sauront la détourner de ces tristes• pensées.
1205 Non, non, ne craignez rien. Voilà les plus grands coups,
Seigneur ; continuez, la victoire est à vous.
Je sais que sans pitié vous n'avez pu l'entendre ;
Moi-même, en la voyant, je n'ai pu m'en défendre.
Mais regardez plus loin : songez, en ce malheur,
1210 Quelle gloire• va suivre un moment de douleur,
Quels applaudissements l'univers vous prépare,
Quel rang dans l'avenir...

TITUS

     Non, je suis un barbare.
Moi-même, je me hais. Néron, tant détesté,
N'a point à cet excès poussé sa cruauté.
1215 Je ne souffrirai point que Bérénice expire.
Allons, Rome en dira ce qu'elle en voudra dire.

PAULIN

Quoi, Seigneur ?

TITUS

    Je ne sais, Paulin, ce que je dis.
L'excès de la douleur accable mes esprits.

---

1. *observe* : surveille.

PAULIN

Ne troublez point le cours de votre renommée :
1220 Déjà de vos adieux la nouvelle est semée ;
Rome, qui gémissait, triomphe avec raison,
Tous les temples ouverts fument en votre nom,
Et le peuple, élevant vos vertus• jusqu'aux nues,
Va partout de lauriers couronner vos statues.

TITUS

1225 Ah, Rome ! Ah, Bérénice ! Ah, prince malheureux !
Pourquoi suis-je empereur ? Pourquoi suis-je amoureux ?

SCÈNE 7. TITUS, ANTIOCHUS, PAULIN, ARSACE

ANTIOCHUS

Qu'avez-vous fait, Seigneur, l'aimable• Bérénice
Va peut-être expirer dans les bras de Phénice.
Elle n'entend[1] ni pleurs, ni conseil, ni raison ;
1230 Elle implore à grands cris le fer[2] et le poison.
Vous seul vous lui pouvez arracher cette envie.
On vous nomme, et ce nom la rappelle à la vie.
Ses yeux, toujours tournés vers votre appartement,
Semblent vous demander de moment en moment[3].
1235 Je n'y puis résister, ce spectacle me tue.
Que[4] tardez-vous ? allez vous montrer à sa vue.
Sauvez tant de vertus•, de grâces, de beauté,
Ou renoncez, Seigneur, à toute humanité.
Dites un mot.

TITUS

                    Hélas ! quel mot puis-je lui dire ?
1240 Moi-même en ce moment sais-je si je respire ?

1. *n'entend* : ne veut écouter.
2. *le fer* : le fer du poignard (par métonymie* de la matière pour l'objet).
3. *de moment en moment* : à tout instant.
4. *Que* : pourquoi.

SCÈNE 8. TITUS, ANTIOCHUS, PAULIN, ARSACE, RUTILE

RUTILE
Seigneur, tous les tribuns, les consuls, le sénat,
Viennent vous demander au nom de tout l'État.
Un grand peuple les suit, qui, plein d'impatience,
Dans votre appartement attend votre présence.

TITUS
1245 Je vous entends*, grands dieux : vous voulez rassurer
Ce cœur que vous voyez tout prêt à s'égarer.

PAULIN
Venez, Seigneur, passons dans la chambre prochaine[1],
Allons voir le sénat.

ANTIOCHUS
                    Ah ! courez chez la reine.

PAULIN
Quoi ? vous pourriez, Seigneur, par cette indignité,
1250 De l'empire à vos pieds fouler la majesté ?
Rome...

TITUS
          Il suffit, Paulin, nous allons les entendre.
Prince, de ce devoir je ne puis me défendre[2].
Voyez la reine. Allez. J'espère, à mon retour,
Qu'elle ne pourra plus douter de mon amour.

---

1. *prochaine* : voisine.
2. *de ce devoir je ne puis me défendre* : à ce devoir je ne puis me soustraire.

Compréhension

1. *Que craint Titus dans la scène 6 ? Quelle décision pense-t-il prendre alors ? Quel parti adopte-t-il à la fin de la scène 8 ?*

2. *Dans quelle mesure peut-on dire que les rôles d'Antiochus et de Paulin s'opposent dans les scènes 7 et 8 ? Que symbolise chacun des deux personnages ?*

3. *Expliquez l'ambiguïté des dernières paroles de Titus à la scène 8. Quelle valeur peut avoir une telle ambiguïté en fin d'acte ?*

4. *Relevez dans les scènes 6, 7, 8 toutes les informations qui précipitent le cours des événements.*

5. *Quels vers, dans ces trois scènes, suggèrent que Titus est au bord d'un désespoir véritable, voire de la folie ?*

Écriture

6. *Relevez les courts récits qui ponctuent les scènes 6, 7, 8. Quelle est leur utilité sur le plan dramaturgique ? Quels sont les procédés d'écriture qui permettent de les rendre vivants et immédiats aux yeux des spectateurs ?*

Mise en scène

7. *Titus parle peu dans les scènes 6, 7, 8. Quelle mise en scène permettrait de montrer que l'empereur reste toutefois le centre d'intérêt de ces trois scènes ?*

8. *Comment la mise en scène pourrait-elle suggérer l'opposition des personnages d'Antiochus et de Paulin dans les scènes 6, 7 et 8 ?*

Bilan

L'action

• Ce que nous savons

L'acte IV est tout entier tourné vers son thème central : l'annonce de la séparation des amants. L'indécision de l'empereur demeure entière avant qu'il ne rencontre Bérénice. Pesant le pour et le contre dans son monologue* de la scène 4, il finit par se décider à quitter sa maîtresse. Au cours du face à face qui suit, dans la scène 5, Titus se déclare et la reine lui reproche d'abord de l'avoir laissé croire à un mariage, puis elle propose un compromis : rester à Rome sans l'épouser. D'abord tenté, Titus rejette sa proposition et évoque l'histoire romaine, à laquelle il entend participer. Bérénice s'emporte et quitte la scène en menaçant de se suicider.

Au moment où Titus s'apprête à rejoindre les Romains qui l'attendent, Antiochus arrive, bouleversé, en le suppliant d'aller trouver Bérénice désespérée. Mais Titus choisit l'empire.

• À quoi faut-il nous attendre ?

Titus désormais a fait son choix, il ne peut plus guère revenir sur sa parole et l'inquiétude des spectateurs est tout entière tournée vers le sort de Bérénice. Mettra-t-elle ses menaces de suicide à exécution ? Si elle s'abstient, en quels termes les amants vont-ils se séparer ?

Les personnages

• Ce que nous savons

Titus, au cours de l'acte IV, est la figure même de l'homme déchiré. Ses aspirations contradictoires le rendent humain aux yeux des spectateurs. Ce n'est pas sans souffrance qu'il finit par prononcer, et même répéter, le mot de la séparation. Il accepte les reproches de Bérénice, avouant lui-même s'être laissé bercer d'illusions. À l'issue de l'acte IV, ce n'est plus l'homme mais l'empereur qui est sur scène, sûr de lui et ferme dans ses choix.

Bérénice pour sa part, semble effectuer un parcours inverse à celui de Titus, elle glisse en effet de l'image de reine, qu'elle soutenait depuis le début de la pièce, à une simple image de femme. Elle reste pourtant égale à elle-même, défendant jusqu'au bout son bonheur qui s'étiole. Son entêtement dans l'aveuglement a laissé *place à la ténacité dans la lutte. Bérénice déploie en effet dans la scène 4 une multitude de stratégies pour parvenir à ses fins, passant des reproches à la plainte, de l'évocation du passé à celle de l'avenir, du compromis aux menaces. Tour à tour affligée et emportée, elle refuse la passivité de la victime et se réfugie dans l'action, menaçant d'attenter à ses jours, pour ne pas laisser Titus (ou le destin) dérouler le fil de son histoire.*

Autour du couple central, les autres personnages font pâle figure dans cet acte. Même Antiochus, qui ne paraît que quelques instants, à la scène 7, est porteur de mauvaises nouvelles mais n'est pas écouté. C'est au contraire la voix de Rome qui résonne de plus en plus fort à travers le personnage de Paulin, car c'est désormais celle qui l'emporte.

• **À quoi faut-il nous attendre ?**

Titus va-t-il se laisser convaincre par Antiochus d'aller porter secours à Bérénice ? N'arrivera-t-il pas trop tard ? Sa consécration d'empereur ne risque-t-elle pas de l'inciter à l'indifférence ?

L'écriture

L'acte IV, d'après Jacques Scherer (La Dramaturgie classique en France, Nizet, 1950), est dans une tragédie « le lieu du sommet de l'émotion », incarné ici par la scène 4. C'est en effet autour du point culminant de cette scène que les autres se répartissent comme un « avant », la préparation psychologique de Titus, à la scène 3, et un « après », le départ de l'empereur vers son destin public.

On retrouve par ailleurs cette composition binaire à maints endroits dans l'acte IV, sous des facettes différentes. Qu'il s'agisse en effet de la contradiction des deux voix, celle de Bérénice (avant la scène 4) et celle de Rome (après la scène 4) ou de l'opposition des arguments en faveur ou au détriment du mariage des amants dans le monologue* de la scène 3, l'acte IV repose ainsi sur un principe de dualité, à l'image du dilemme de l'empereur.

Annie Ducaux (Bérénice) et Jean Yonnel (Titus),
Comédie-Française, décembre 1946.

ACTE CINQUIÈME

SCÈNE 1. ARSACE, *seul*

1255 Où pourrai-je trouver ce prince trop fidèle ?
Ciel, conduisez mes pas, et secondez mon zèle ;
Faites qu'en ce moment je lui puisse annoncer
Un bonheur où[1] peut-être il n'ose plus penser !

SCÈNE 2. ANTIOCHUS, ARSACE

ARSACE
Ah ! quel heureux destin en ces lieux vous renvoie,
1260 Seigneur ?

ANTIOCHUS
        Si mon retour t'apporte quelque joie,
Arsace, rends-en grâce à mon seul désespoir.

ARSACE
La reine part, Seigneur.

ANTIOCHUS
              Elle part ?

ARSACE
                   Dès ce soir.
Ses ordres sont donnés. Elle s'est offensée
Que Titus à ses pleurs l'ait si longtemps laissée.
1265 Un généreux• dépit succède à sa fureur• :
Bérénice renonce à Rome, à l'empereur,
Et même veut partir avant que Rome instruite
Puisse voir son désordre et jouir de sa fuite.
Elle écrit à César.

---

1. *Un bonheur où* : auquel. Voir p. 155.

ANTIOCHUS

               Ô ciel ! qui l'aurait cru ?

1270 Et Titus ?

ARSACE

          À ses yeux Titus n'a point paru.
Le peuple avec transport* l'arrête et l'environne,
Applaudissant aux noms[1] que le sénat lui donne ;
Et ces noms, ces respects, ces applaudissements,
Deviennent pour Titus autant d'engagements,
1275 Qui le liant, Seigneur, d'une honorable[2] chaîne,
Malgré tous ses soupirs et les pleurs de la reine,
Fixent dans son devoir ses vœux irrésolus[3].
C'en est fait ; et peut-être il ne la verra plus.

ANTIOCHUS

Que de sujets d'espoir, Arsace, je l'avoue !
1280 Mais d'un soin* si cruel* la fortune* me joue[4],
J'ai vu tous mes projets tant de fois démentis,
Que j'écoute en tremblant tout ce que tu me dis ;
Et mon cœur, prévenu[5] d'une crainte importune,
Croit, même en espérant, irriter la fortune.
1285 Mais que vois-je ? Titus porte vers nous ses pas.
Que veut-il ?

SCÈNE 3. TITUS, ANTIOCHUS, ARSACE

TITUS, *en entrant.*

          Demeurez : qu'on ne me suive pas.
Enfin, Prince, je viens dégager[6] ma promesse.
Bérénice m'occupe et m'afflige sans cesse.

---

1. *noms* : titres.
2. *honorable* : pleine d'honneurs.
3. *ses vœux irrésolus* : son indécision.
4. *me joue* : m'abuse.
5. *prévenu* : se méfiant.
6. *dégager* : tenir (donc réaliser).

Je viens, le cœur percé de vos pleurs et des siens,
1290 Calmer des déplaisirs moins cruels que les miens.
Venez, Prince, venez : je veux bien que vous-même
Pour la dernière fois vous voyiez si je l'aime.

SCÈNE 4. ANTIOCHUS, ARSACE

ANTIOCHUS
Eh bien ! voilà l'espoir que tu m'avais rendu,
Et tu vois le triomphe où j'étais attendu !
1295 Bérénice partait justement irritée !
Pour ne la plus revoir, Titus l'avait quittée !
Qu'ai-je donc fait, grands dieux ? Quel cours infortuné
À ma funeste• vie aviez-vous destiné ?
Tous mes moments ne sont qu'un éternel passage
1300 De la crainte à l'espoir, de l'espoir à la rage.
Et je respire encor ? Bérénice ! Titus !
Dieux cruels ! de mes pleurs vous ne vous rirez plus.

Bérénice, acte V, scène 5.
« … Vous m'avez arraché ce que je viens d'écrire.
Voilà de votre amour tout ce que je désire.
Lisez, ingrat, lisez, et me laissez sortir. »

Compréhension

1. Quelle image Arsace a-t-il d'Antiochus dans la scène 1 ?

2. Pourquoi (v. 1265 à 1268) Bérénice souhaite-t-elle, selon vous, partir avant que Titus ne lui en donne l'ordre ?

3. Quelles informations a-t-on sur l'empereur dans la scène 2 ?

4. Expliquez le vers 1279 : quels sont les « sujets d'espoir » dont parle Antiochus ?

5. Quel est, dans la scène 4, le sujet de la plainte d'Antiochus (v. 1293 à 1298) ?

Écriture

6. Quels sont les vers qui sont à l'origine de l'effet d'agitation et de rapidité des scènes 1 à 4 ?

7. Étudiez le procédé de style des vers 1299 à 1300. Quelle analogie peut-on établir entre ce procédé d'écriture et la vie d'Antiochus ?

Mise en scène

8. D'où vient l'effet de fragmentation produit par la succession rapide des quatre premières scènes de l'acte V ? Quelle est cependant l'unité de ce groupe de scènes ?

9. Quelle mise en scène permettrait de mettre en valeur l'unité des scènes 1 à 4 ?

SCÈNE 5. Titus, Bérénice, Phénice

BÉRÉNICE
Non, je n'écoute rien. Me voilà résolue :
Je veux partir. Pourquoi vous montrer à ma vue ?
1305 Pourquoi venir encore aigrir mon désespoir ?
N'êtes-vous pas content ? Je ne veux plus vous voir.

TITUS
Mais, de grâce, écoutez.

BÉRÉNICE
              Il n'est plus temps.

TITUS
                        Madame,
Un mot.

BÉRÉNICE
     Non.

TITUS
          Dans quel trouble elle jette mon âme !
Ma Princesse, d'où vient ce changement soudain ?

BÉRÉNICE
1310 C'en est fait. Vous voulez que je parte demain ;
Et moi, j'ai résolu de partir tout à l'heure[1],
Et je pars.

TITUS
      Demeurez.

BÉRÉNICE
           Ingrat ! que je demeure ?
Et pourquoi ? Pour entendre un peuple injurieux[2]
Qui fait de mon malheur retentir tous ces lieux ?

---

1. *tout à l'heure* : tout de suite.
2. *un peuple injurieux* : un peuple qui m'outrage.

1315   Ne l'entendez-vous pas cette cruelle joie,
      Tandis que dans les pleurs moi seule je me noie ?
      Quel crime, quelle offense, a pu les animer ?
      Hélas ! et qu'ai-je fait que [1] de vous trop aimer ?

TITUS
      Écoutez-vous, Madame, une foule insensée ?

BÉRÉNICE
1320   Je ne vois rien ici dont je ne sois blessée.
      Tout cet appartement préparé par vos soins•,
      Ces lieux, de mon amour si longtemps les témoins,
      Qui semblaient pour jamais me répondre du vôtre,
      Ces festons, où nos noms enlacés l'un dans l'autre,
1325   À mes tristes• regards viennent partout s'offrir,
      Sont autant d'imposteurs que je ne puis souffrir.
      Allons, Phénice.

TITUS
              Ô ciel ! Que vous êtes injuste !

BÉRÉNICE
      Retournez, retournez vers ce sénat auguste
      Qui vient vous applaudir de votre cruauté.
1330   Eh bien, avec plaisir l'avez-vous écouté ?
      Êtes-vous pleinement content de votre gloire• ?
      Avez-vous bien promis d'oublier ma mémoire ?
      Mais ce n'est pas assez expier vos amours :
      Avez-vous bien promis de me haïr toujours ?

TITUS
1335   Non, je n'ai rien promis. Moi, que je vous haïsse !
      Que je puisse jamais oublier Bérénice !
      Ah dieux ! dans quel moment son injuste rigueur
      De ce cruel soupçon vient affliger mon cœur !
      Connaissez-moi [2], Madame, et depuis cinq années,
1340   Comptez tous les moments et toutes les journées

---

1. *Que* : d'autre que. Voir p. 155.
2. *Connaissez-moi* : prenez-moi vraiment pour celui que je suis (c'est-à-dire un amant sincère).

Où, par plus de transports• et par plus de soupirs,
Je vous ai de mon cœur exprimé les désirs :
Ce jour surpasse tout. Jamais, je le confesse,
Vous ne fûtes aimée avec tant de tendresse,
1345 Et jamais...

BÉRÉNICE

      Vous m'aimez, vous me le soutenez,
Et cependant je pars, et vous me l'ordonnez !
Quoi ? dans mon désespoir trouvez-vous tant de charmes• ?
Craignez-vous que mes yeux versent trop peu de larmes ?
Que [1] me sert de ce cœur l'inutile retour ?
1350 Ah, cruel ! par pitié, montrez-moi moins d'amour ;
Ne me rappelez point une trop chère idée [2],
Et laissez-moi du moins partir persuadée
Que déjà de votre âme exilée en secret,
J'abandonne un ingrat qui me perd sans regret.
                    (Il lit une lettre.)
1355 Vous m'avez arraché ce que je viens d'écrire.
Voilà de votre amour tout ce que je désire.
Lisez, ingrat, lisez, et me laissez sortir.

TITUS

Vous ne sortirez point, je n'y puis consentir.
Quoi ? ce départ n'est donc qu'un cruel stratagème ?
1360 Vous cherchez à mourir ? et de tout ce que j'aime
Il ne restera plus qu'un triste• souvenir ?
Qu'on cherche Antiochus, qu'on le fasse venir.
        (Bérénice se laisse tomber sur un siège.)

SCÈNE 6. TITUS, BÉRÉNICE

TITUS
Madame, il faut vous faire un aveu véritable [3] :
Lorsque j'envisageai le moment redoutable

---

1. *Que* : à quoi.
2. *idée* : image, souvenir.
3. *véritable* : sincère.

1365 Où, pressé par les lois d'un austère devoir,
Il fallait pour jamais renoncer à vous voir ;
Quand de ce triste• adieu je prévis les approches,
Mes craintes, mes combats, vos larmes, vos reproches,
Je préparai mon âme à toutes les douleurs
1370 Que peut faire sentir le plus grand des malheurs.
Mais, quoique je craignisse, il faut que je le die[1],
Je n'en avais prévu que la moindre partie ;
Je croyais ma vertu• moins prête à succomber,
Et j'ai honte du trouble où je la vois tomber.
1375 J'ai vu devant mes yeux Rome entière assemblée.
Le sénat m'a parlé , mais mon âme accablée
Écoutait sans entendre, et ne leur[2] a laissé
Pour prix de leurs transports• qu'un silence glacé.
Rome de votre sort est encore incertaine ;
1380 Moi-même à tous moments je me souviens à peine
Si je suis empereur, ou si je suis Romain[3].
Je suis venu vers vous sans savoir mon dessein :
Mon amour m'entraînait, et je venais peut-être
Pour me chercher moi-même et pour me reconnaître.
1385 Qu'ai-je trouvé ? Je vois la mort peinte en vos yeux ;
Je vois pour la chercher que vous quittez ces lieux.
C'en est trop. Ma douleur, à cette triste• vue,
À son dernier excès[4] est enfin parvenue.
Je ressens tous les maux que je puis ressentir,
1390 Mais je vois le chemin par où j'en puis sortir.
Ne vous attendez point que las de tant d'alarmes•,
Par un heureux hymen• je tarisse vos larmes :
En quelque extrémité que vous m'ayez réduit,
Ma gloire• inexorable à toute heure me suit ;
1395 Sans cesse elle présente à mon âme étonnée[5]
L'empire incompatible avec votre hyménée•,
Me dit qu'après l'éclat et les pas que j'ai faits,
Je dois vous épouser encor moins que jamais.

---

1. *die* : dise.
2. *leur* : aux sénateurs et aux Romains.
3. *Romain* : simple citoyen, tenu d'obéir aux lois romaines.
4. *à son dernier excès* : à son comble.
5. *étonnée* : stupéfaite.

Oui, Madame ; et je dois moins encore vous dire
1400 Que je suis prêt pour vous d'[1]abandonner l'empire,
De vous suivre, et d'aller, trop content de mes fers[2],
Soupirer avec vous au bout de l'univers.
Vous-même rougiriez de ma lâche conduite :
Vous verriez à regret marcher à votre suite
1405 Un indigne empereur, sans empire, sans cour,
Vil spectacle aux[3] humains des faiblesses d'amour.
Pour sortir des tourments dont mon âme est la proie,
Il est, vous le savez, une plus noble voie ;
Je me suis vu, Madame, enseigner ce chemin,
1410 Et par plus d'un héros et par plus d'un Romain :
Lorsque trop de malheurs ont lassé leur constance,
Ils ont tous expliqué cette persévérance
Dont le sort s'attachait à les persécuter,
Comme un ordre secret de n'y plus résister.
1415 Si vos pleurs plus longtemps viennent frapper ma vue,
Si toujours à mourir je vous vois résolue,
S'il faut qu'à tout moment je tremble pour vos jours,
Si vous ne me jurez d'en respecter le cours,
Madame, à d'autres pleurs vous devez vous attendre.
1420 En l'état où je suis je puis tout entreprendre,
Et je ne réponds pas[4] que ma main à vos yeux
N'ensanglante à la fin nos funestes• adieux.

BÉRÉNICE
Hélas !

TITUS
        Non, il n'est rien dont je ne sois capable.
Vous voilà de mes jours maintenant responsable.
1425 Songez-y bien, Madame, et si je vous suis cher...

---

1. *près ... de* : prêt à. Voir p. 155.
2. *mes fers* : métaphore* des chaînes de l'amour.
3. *aux* : pour les.
4. *je ne réponds pas* : je ne garantis pas.

Compréhension

1. Étudiez l'évolution des sentiments de Bérénice au cours de la scène 5 : à quel moment son amour et sa tristesse transparaissent-ils dans son discours ? Quels sont les vers de cette scène qui traduisent l'amertume de la reine ?

2. Qu'est-ce qui provoque la colère de Bérénice lorsqu'elle interrompt Titus au vers 1345 ?

3. Quelle attitude souhaiterait-elle qu'il adopte aux vers 1350 à 1354 ?

4. Quel peut être, dans la scène 5, le contenu de la lettre de Bérénice ?

5. Quel déséquilibre dans le temps de parole constate-t-on entre les scènes 5 et 6 ? À quoi cela est-il dû ?

6. Relisez dans la scène 6 les vers 1390, 1395, 1397, 1409 et 1414. Sur quel thème se rejoignent-ils ?

7. La menace de suicide est omniprésente dans les scènes 5 et 6. Quelles sont les motivations respectives de Titus et de Bérénice ?

Écriture

8. Relevez, au début de la scène 5, les marques stylistiques de la résolution dans le discours de Bérénice.
Combien de fois revient le verbe « partir » dans les vers 1303 à 1312 ?
Par quels autres moyens affirme-t-elle sa décision dans ces mêmes vers ? (Étudiez la longueur et la modalité des phrases, le lexique et les marques de la première personne.)

9. Quelles sont les deux grandes parties qui structurent la tirade de Titus dans la scène 6 ?

10. Relisez à la scène 6 les vers 1420 à 1425. Par quel procédé la violence de la mort se trouve-t-elle atténuée ?

Mise en scène

11. Relevez dans la scène 5 les allusions au décor. Pourquoi ce dernier prend-il une valeur affective ?

12. Quel jeu, dans la scène 6, devrait adopter Bérénice lors de la tirade de Titus ? Comment réagit-elle dans la deuxième partie de son discours ? Comment traduire cette émotion violente sur scène ?

SCÈNE 7. Titus, Bérénice, Antiochus

Titus
Venez, Prince, venez, je vous ai fait chercher [1].
Soyez ici témoin de toute ma faiblesse ;
Voyez si c'est aimer avec peu de tendresse ;
Jugez-nous.

Antiochus
        Je crois tout : je vous connais tous deux.
1430 Mais connaissez vous-même un prince malheureux
Vous m'avez honoré, Seigneur, de votre estime ;
Et moi, je puis ici vous le jurer sans crime [2],
À vos plus chers amis j'ai disputé ce rang ;
Je l'ai disputé même aux dépens de mon sang.
1435 Vous m'avez, malgré moi, confié l'un et l'autre,
La reine, son amour, et vous Seigneur, le vôtre.
La reine, qui m'entend, peut me désavouer :
Elle m'a vu toujours ardent à vous louer,
Répondre par mes soins• à votre confidence [3].
1440 Vous croyez m'en devoir quelque reconnaissance ;
Mais le pourriez-vous croire en ce moment fatal,
Qu'un ami si fidèle était votre rival ?

Titus
Mon rival ?

Antiochus
        Il est temps que je vous éclaircisse.
Oui, Seigneur, j'ai toujours adoré Bérénice.
1445 Pour ne la plus aimer j'ai cent fois combattu ;
Je n'ai pu l'oublier ; au moins je me suis tu.
De votre changement la flatteuse [4] apparence
M'avait rendu tantôt quelque faible espérance :
Les larmes de la reine ont éteint cet espoir.

---

1. *chercher* : rime en [ɛr] avec « *cher* » (v. 1425).
2. *sans crime* : sans mentir.
3. *confidence* : confiance.
4. *flatteuse* : trompeuse.

1450 Ses yeux, baignés de pleurs, demandaient à vous voir ;
Je suis venu, Seigneur, vous appeler moi-même ;
Vous êtes revenu. Vous aimez, on vous aime ;
Vous vous êtes rendu : je n'en ai point douté.
Pour la dernière fois je me suis consulté ;
1455 J'ai fait de mon courage une épreuve dernière ;
Je viens de rappeler ma raison tout entière :
Jamais je ne me suis senti plus amoureux.
Il faut d'autres efforts pour rompre tant de nœuds :
Ce n'est qu'en expirant que je puis les détruire ;
1460 J'y cours. Voilà de quoi j'ai voulu vous instruire.
Oui, Madame, vers vous j'ai rappelé ses pas,
Mes soins• ont réussi, je ne m'en repens pas.
Puisse le ciel verser sur toutes vos années
Mille prospérités l'une à l'autre enchaînées !
1465 Ou s'il vous garde encore un reste de courroux,
Je conjure les dieux d'épuiser tous les coups
Qui pourraient menacer une si belle vie,
Sur ces jours malheureux que je vous sacrifie.

BÉRÉNICE, *se levant*.
Arrêtez, arrêtez ! Princes trop généreux•,
1470 En quelle extrémité me jetez-vous tous deux !
Soit que je vous regarde [1], ou [2] que je l'envisage [3],
Partout du désespoir je rencontre l'image,
Je ne vois que des pleurs, et je n'entends parler
Que de trouble, d'horreurs, de sang prêt à couler.

(À Titus.)

1475 Mon cœur vous est connu, Seigneur, et je puis dire
Qu'on ne l'a jamais vu soupirer pour l'empire :
La grandeur des Romains, la pourpre des Césars,
N'a point, vous le savez, attiré mes regards.
J'aimais, Seigneur, j'aimais, je voulais être aimée.
1480 Ce jour [4], je l'avouerai, je me suis alarmée :
J'ai cru que votre amour allait finir son cours.

---

1. *je vous regarde* : Bérénice parle à Antiochus.
2. *ou* : soit que. Voir p. 155.
3. *je l'envisage* : Bérénice parle de Titus.
4. *Ce jour* : aujourd'hui.

Je connais[1] mon erreur, et vous m'aimez toujours.
Votre cœur s'est troublé, j'ai vu couler vos larmes.
Bérénice, Seigneur, ne vaut point tant d'alarmes*,
1485 Ni que par votre amour l'univers malheureux,
Dans le temps que[2] Titus attire tous les vœux,
Et que de vos vertus* il goûte les prémices,
Se voie en un moment enlever ses délices.
Je crois, depuis cinq ans jusqu'à ce dernier jour,
1490 Vous avoir assuré d'un véritable amour.
Ce n'est pas tout : je veux, en ce moment funeste*,
Par un dernier effort couronner tout le reste :
Je vivrai, je suivrai vos ordres absolus.
Adieu, Seigneur, régnez : je ne vous verrai plus.

(À Antiochus.)

1495 Prince, après cet adieu, vous jugez bien vous-même
Que je ne consens pas de[3] quitter ce que j'aime
Pour aller loin de Rome écouter d'autres vœux[4].
Vivez, et faites-vous un effort généreux[5].
Sur Titus et sur moi réglez votre conduite :
1500 Je l'aime, je le fuis ; Titus m'aime, il me quitte.
Portez loin de mes yeux vos soupirs et vos fers.
Adieu. Servons tous trois d'exemple à l'univers
De l'amour la plus tendre[6] et la plus malheureuse
Dont il puisse garder l'histoire douloureuse.
1505 Tout est prêt. On m'attend. Ne suivez point mes pas.

(À Titus.)

Pour la dernière fois, adieu, Seigneur.

ANTIOCHUS

Hélas !

---

1. *Je connais* : je reconnais
2. *Dans le temps que* : au moment où.
3. *de* : à.
4. *d'autres vœux* : un autre cœur que celui de Titus.
5. *faites-vous un effort généreux* : faites sur vous un digne effort.
6. *De l'amour la plus tendre* : voir la note 3 du vers 1191 (p. 84) et p. 155.

Questions

Compréhension

1. Justifiez la présence d'Antiochus dans la scène 7 :
Pourquoi Titus l'a-t-il fait venir ?
Pourquoi Racine devait-il réintroduire ce personnage à ce moment-là ?

2. Quelles motivations ont selon vous incité Antiochus à avouer à Titus son amour pour Bérénice, alors qu'il le lui a caché pendant cinq ans ?

3. Qu'annonce Antiochus à ses deux interlocuteurs aux vers 1458 à 1460 ? En quoi est-il ici un personnage tragique ? Quels vers témoignent de la force de son renoncement ? Sait-il alors que la reine et l'empereur vont se séparer ?

4. Que reconnaît Bérénice aux vers 1480 à 1482 ?

5. En quoi les trois personnages se montrent-ils nobles et généreux* à la scène 7 ? Quels sont les sacrifices respectifs qu'ils s'imposent ?

6. Malgré la dissipation de la menace de mort, ce dénouement* s'avère véritablement tragique ; pourquoi ?

Écriture

7. Quelles sont les trois parties de la tirade* d'Antiochus, du vers 1443 au vers 1467 ?

8. Quelles sont, dans ce même passage, les similitudes et les différences des vers 1444 et 1461 ?

9. Quel est le terme récurrent dans les propos de Bérénice : v. 1479 à 1482 ? Quel nom porte ce type de répétition ? Que traduit dans le discours de la reine le retour si fréquent de ce mot ?

10. Quel est le terme répété aux vers 1454, 1455, 1492 et 1506 ? Quelle force prend dans cette scène le retour de ce mot ?

Mise en scène

11. Quelle signification symbolique doit-on accorder à la didascalie* du vers 1469 ? À quelle autre indication scénique de la scène 6 renvoie-t-elle ?

12. Mis à l'écart du discours à la fin de la scène 7, Titus se tait. Quelle attitude, quels déplacements devrait adopter le comédien qui interprète le rôle, à la fin de la scène ?

Bilan

L'action

Arsace, dans la scène 2, apprend à Antiochus que Bérénice a décidé de quitter Rome pour partir le soir même. Le roi de Comagène peut alors encore espérer. Mais lorsque Titus souhaite le prendre à témoin de l'amour qu'il éprouve pour la reine, les propos ambigus de l'empereur ruinent les espoirs d'Antiochus (scène 4). Profondément affligé, il quitte la scène et Bérénice se retrouve face à Titus. Au comble du désespoir, elle traduit sa souffrance en animosité, reprochant à l'empereur de vouloir l'oublier. Celui-ci réaffirme alors son amour et lit la lettre que Bérénice, qui ne pensait plus le revoir, s'apprêtait à lui laisser. Elle y annonce sa mort prochaine, Titus refuse alors qu'elle quitte Rome (scène 5). Il confesse sa douleur mais expose ensuite à Bérénice les arguments motivant la fermeté de sa décision : il doit obéir à sa destinée et ne pas céder aux « faiblesses d'amour » (v. 1406). Mais si Bérénice part pour se tuer, il ne voit pour lui d'autre issue que de la suivre dans la mort. Appelé par Titus, Antiochus paraît (scène 7), il avoue à Titus l'amour qu'il porte à Bérénice et, convaincu de l'imminent mariage de la reine et de l'empereur, bénit leur union en se sacrifiant : il partira, résigné à mourir. Face à de telles preuves de générosité, Bérénice, désormais assurée de l'amour de Titus, est prête à le quitter, lui promettant de rester en vie. Elle engage Antiochus à suivre leur exemple, puis quitte la scène sur un ultime adieu à l'empereur.

Les personnages

Titus, au fil de la pièce, a suivi, malgré ses indécisions, une évolution constante. Dans l'acte V, il présente au spectateur son destin d'empereur comme une « gloire inexorable » (v. 1394), laissant supposer, à la scène 6, qu'il a été l'objet d'une révélation extérieure. Il connaît désormais la voie à suivre et son seul souci reste l'état d'esprit dans lequel se trouve Bérénice. Pour assurer son avenir dans la sérénité, il doit la convaincre qu'il ne s'est pas joué d'elle, que l'amour qu'il lui voue est profond et sincère. La tâche n'est guère aisée, car Bérénice, jusqu'à la scène 7, refuse de l'écouter, l'accablant de reproches. À l'issue de la pièce, ce n'est pas que la raison politique l'emporte sur l'amour, c'est simplement que cette alternative représente la voie que Titus a choisie de son propre chef, en plaçant au-dessus de tout sa dignité d'homme public.

Quant à Bérénice, on serait en droit de s'étonner d'un tel revirement à l'issue de la pièce, si l'on regarde la ténacité dont elle a fait preuve précédemment. Son évolution, contrairement à celle de Titus, a été plus brutale, mais n'entre pas en contradiction avec la reine, personnage impulsif et passionné. Elle aussi sait faire finalement preuve de générosité héroïque, puisqu'elle sacrifie son bonheur à l'empereur.

Antiochus pour sa part se voit en quelque sorte réhabilité dans l'acte V. Il ne subit plus l'action mais contribue à son évolution, puisque c'est son aveu à la scène 7 qui permettra d'infléchir le dénouement*. S'il menace de mettre un terme à ses jours, rien ne laisse supposer qu'il en arrivera à une telle extrémité. Au contraire, tout porte à croire qu'il se ralliera à la décision de Titus et de Bérénice afin qu'ils servent « tous trois d'exemple à l'univers » (v. 1502).

L'écriture

Le dénouement de la tragédie n'est pas, contrairement à bon nombre de tragédies classiques, préparé dans les dernières scènes de la pièce. Il a lieu ici dans les derniers vers de la scène 7. Cette rapidité inattendue permet à l'auteur de maintenir le plus longtemps possible en suspens l'action principale. À l'issue de la tragédie, aucun des trois protagonistes ne se donne la mort, ils se séparent même d'un commun accord. L'issue par la mort laisse donc place ici à une fin par le renoncement, mais la pièce n'en demeure pas moins profondément tragique, eu égard aux sacrifices respectifs que s'imposent, dans la douleur et dans la dignité, Antiochus, Titus et Bérénice.

Adieu. Servons tous trois d'exemple à l'univers.

Acte 5, Scène 7.

Bérénice, Titus et Antiochus, acte V, scène 7.
Gravure de Jean Dambrun, d'après un dessin de Jean-Jacques-François Le Barbier.

DATES	ÉVÉNEMENTS HISTORIQUES	ÉVÉNEMENTS CULTURELS
1638	Naissance de Louis XIV.	
1639		
1641		Corneille, *Horace*.
1642		Corneille, *Cinna*.
1643	Mort de Louis XIII. Régence d'Anne d'Autriche, ministère de Mazarin.	Corneille, *Polyeucte*.
1645		Construction du Val-de-Grâce.
1648	Début de La Fronde (→ 1652).	
1649		
1650		Mort de Descartes.
1651		Corneille, *Nicomède*.
1653	Fouquet nommé surintendant des Finances.	Condamnation du jansénisme.
1655	Dispersion des Solitaires de Port-Royal.	
1656		Pascal, *Les Provinciales*.
1659	Traité des Pyrénées : paix avec l'Espagne.	Molière, *Les Précieuses ridicules*.
1660	Louis XIV épouse l'infante Marie-Thérèse.	Boileau, *Premières Satires*.
1661	Mort de Mazarin. Début du règne de Louis XIV. Arrestation de Fouquet.	Début des travaux à Versailles.
1662		Mort de Pascal. Molière, *L'École des femmes*.
1664	*Les Plaisirs de l'île enchantée* à Versailles. Emprisonnement à vie de Fouquet.	Molière, *Le Tartuffe*.
1665		Molière, *Dom Juan*.
1666		Molière, *Le Misanthrope*.
1667	Guerre de Dévolution : Angleterre, Suède et Hollande contre la France.	
1668	Paix d'Aix-la-Chapelle.	
1670	Mort d'Henriette d'Angleterre.	La Fontaine, *Fables* (I-VI). Molière, *L'Avare*. Bossuet, *Oraison funèbre*.
1671		Molière, *Le Bourgeois gentilhomme*. Pascal, *Pensées* (édition de Port-Royal).
1672	Guerre de Hollande (→ 1678).	Molière, *Les Fourberies de Scapin*.
1673		Molière, *Les Femmes savantes*.
1674	Occupation de la Franche-Comté.	Mort de Molière durant *Le Malade imaginaire*. Boileau, *Art poétique*. Corneille, *Suréna*.
1678	Paix de Nimègue : la Franche-Comté devient française.	Lulli et Quinault, *Alceste* (opéra).
1679	L'affaire des Poisons.	Mme de La Fayette, *La Princesse de Clèves*.
1680		
1682	Installation de Louis XIV à Versailles.	Fondation de la Comédie-Française.
1684	Louis XIV épouse en secret Mme de Maintenon.	
1685	Révocation de l'édit de Nantes.	Mort de Corneille.
1688	Guerre de la Ligue d'Augsbourg.	
1694		La Bruyère, *Les Caractères*.
1695		Dictionnaire de l'Académie française.
1697	Paix de Ryswick.	Mort de La Fontaine. Mme de Sévigné, *Lettres* (1re édition).
1699		Perrault, *Contes*.
1715	Mort de Louis XIV.	Fénelon, *Les Aventures de Télémaque*.

VIE ET ŒUVRE DE RACINE	DATES
	1638
Naissance de Jean Racine à La Ferté-Milon.	1639
Mort de sa mère, Jeanne Sconin.	1641
	1642
Mort de son père. Adopté par sa grand-mère.	1643
	1645
	1648
Entrée aux Petites-Écoles de Port-Royal.	1649
	1650
	1651
	1653
	1655
	1656
Classe de philosophie au collège d'Harcourt, à Paris.	1658
La Nymphe de la Seine à la Reine, célébrant le mariage du roi.	1660
Départ pour Uzès (→ 1663), où il compte obtenir un bénéfice ecclésiastique.	1661
	1662
Retour à Paris. *Ode sur la convalescence du Roi* ; *La renommée aux Muses*.	1663
La Thébaïde. Représentée au Palais-Royal (troupe de Molière).	1664
Le roi lui accorde une pension de 600 livres.	
Premier succès : *Alexandre*. Liaison avec Thérèse du Parc.	1665
Brouille avec Molière.	1666
Polémique et rupture avec Port-Royal.	
Triomphe d'*Andromaque*.	1667
Comédie : *Les Plaideurs*. Mort de la Du Parc.	1668
Britannicus. Rivalité avec Corneille.	1669
Bérénice, jouée par sa nouvelle maîtresse, la Champmeslé.	1670
Racine l'emporte contre Corneille (*Tite et Bérénice*).	
	1671
Bajazet. Élu à l'Académie française.	1672
Mithridate.	1673
Iphigénie. Obtient la charge de Trésorier de France.	1674
Phèdre. Succès malgré une cabale. Abandon momentané du théâtre.	1677
Mariage avec C. de Romanet. Nommé, avec Boileau, historiographe du roi qu'il suit dans ses campagnes militaires.	
Accusé par la Voisin d'avoir empoisonné la Du Parc.	1679
Réconciliation avec Port-Royal.	1680
	1682
	1684
Racine reçoit Th. Corneille à l'Académie française. *Idylle sur la paix*.	1685
	1688
Esther. Tragédie sacrée, jouée à Saint-Cyr.	1689
Athalie.	1691
Rédaction (1697-1698) de l'*Abrégé de l'histoire de Port-Royal*.	1697
Mort de Racine, inhumé, selon ses souhaits, à Port-Royal.	1699

LES SALLES DE SPECTACLE

Les premières salles du siècle
•

Un espace exigu...

Au début du XVIIe siècle, les représentations théâtrales qui ne se déroulent pas à ciel ouvert ont d'abord lieu dans des jeux de paume aménagés, salles où se pratiquait un jeu de balle, ancêtre du tennis.

Il en est ainsi de deux grandes salles : le théâtre de Bourgogne et le théâtre du Marais. Celles-ci sont plutôt longues et l'espace réservé à la scène est étroit et très profond, ne permettant pas l'aménagement de coulisses sur les côtés. La visibilité des spectateurs est alors aussi réduite que les conditions d'écoute. Il faut attendre qu'un incendie se déclare en 1644, pour que la salle de l'hôtel du Marais soit reconstruite et agrandie. On peut alors installer des machines et les spectateurs bénéficient de gradins dans le fond et de loges sur les côtés.

Un troisième théâtre, celui du Petit-Bourbon, est toutefois un peu mieux loti. Louis XIII, ayant transformé une vaste salle de l'ancienne demeure du connétable Bourbon, permet ainsi aux comédiens d'évoluer avec plus d'aisance. Un peu plus tard, Mazarin fait construire la salle des Machines des Tuileries où l'espace est davantage organisé : emplacement pour l'orchestre, loge royale face à la scène, gradins en demi-cercles et loges, permettant de figurer spatialement la hiérarchie sociale.

... qui influence la production littéraire

Ces conditions matérielles, peu confortables, influencent, dans une certaine mesure, la dramaturgie et l'esthétique des pièces du premier tiers du Grand Siècle. D'une part, le manque d'espace de la scène ne favorise pas les changements de décors, qui, de plus, restent peu visibles de la salle, plus éclairée que la scène. Le choix de l'unicité de lieux devient alors une solution bien accueillie, puisqu'elle permet de conserver un décor unique durant toute la représentation. D'autre part, les comédiens, qui mettent un certain temps pour sortir à l'arrière d'une scène si profonde, créent parfois un vide sur les planches. Dès lors, la liaison des scènes, recommandée par souci de vraisemblance, vient y remédier en permettant au spectateur de ne pas éprouver d'impression de rupture dans le spectacle, dans la mesure où il reste désormais toujours au moins un acteur devant le public.

Théâtres publics et salles privées
•

Les changements de salles de théâtre

À Paris, trois salles permanentes accueillent donc les spectacles : l'hôtel de Bourgogne, l'hôtel du Marais et la salle du Petit-Bourbon qui deviendra celle du Palais-Royal, où va jouer Molière. À sa mort, en 1673, ses comédiens s'installent dans la salle Guénégaud, laissant le Palais-Royal à Lulli et son Académie de musique. Dans la seconde moitié du XVIIe siècle, ce sont souvent, en effet, les déplacements d'une troupe qui décident des nouveaux lieux de spectacle. Ainsi, en 1680, les comédiens de Molière, ceux du Marais et ceux de l'hôtel de Bourgogne fusionnent pour constituer la nouvelle troupe de la Comédie-Française.

Les salles privées
Parallèlement à ces espaces publics viennent s'ajouter un certain nombre de salles privées. Non seulement quelques membres de la noblesse argentée patronnent des troupes, mais ils possèdent également leur propre scène sur laquelle ils peuvent offrir à leurs invités un spectacle privé, ce qui permet aux comédiens de faire, à ces occasions, d'importantes recettes.

CONDITIONS DES REPRÉSENTATIONS

Conditions matérielles
•

Les billets d'entrée
Le prix d'une représentation est en général très peu élevé, ce qui permet à la plupart des Parisiens de se rendre au théâtre régulièrement. Il arrive même parfois que les billets soient distribués gratuitement pour inciter le public à se rendre à la représentation d'un auteur rivalisant avec un dramaturge plus connu. C'est ce qui se produit lorsque Jacques Pradon fait jouer sa pièce *Phèdre et Hippolyte*. Le clan rival de Racine a même alors loué toutes les loges du théâtre où était représentée *Phèdre*, pour que la salle reste vide.

L'entrée
Devant le théâtre, un portier vérifie les billets de location des places, refoulant ceux qui tenteraient d'entrer sans payer.

L'éclairage
La disposition du public varie, on l'a vu, selon les salles et les périodes du XVIIe siècle. La salle est éclairée par de nombreuses chandelles, la scène, elle, l'est moins. La division de la pièce en actes est avant tout une contrainte matérielle. En effet, si le spectacle est interrompu après chaque acte, c'est pour changer les chandelles ou ôter les parties de mèches brûlées, afin d'éviter que les spectateurs ne soient trop enfumés.

Le public des théâtres
•

Un public varié…
Le public populaire, en province comme à Paris, a toujours eu un goût très prononcé pour le théâtre. Les représentations de troupes ambulantes sont fréquentes. Celles-ci ont lieu dehors sur des planches

soutenues par des tréteaux ou à l'intérieur d'une salle. À Paris, dans les théâtres publics, le spectateur sans fortune assiste à la représentation debout, sur le parterre. Son assiduité se renforce dans la seconde moitié du siècle. Le plus souvent, il ne sait pas lire et le théâtre lui permet d'accéder aisément à la culture et surtout au divertissement. C'est en partie pour cette raison qu'il assistera plus volontiers à la représentation de comédies que de tragédies, d'autant que la comédie, notamment à travers Molière, se fait le reflet d'une société tant bourgeoise qu'aristocrate. Lorsqu'il appartient à la petite bourgeoisie, le spectateur peut s'offrir une place assise, sur les gradins installés au fond de la salle. Car ce ne sont que les nobles et les grands bourgeois qui peuvent prendre place dans les galeries latérales ou dans les loges.

Le public lettré, constitué de nobles, de courtisans ou de théoriciens du théâtre, a toujours fréquenté avec assiduité les spectacles dramatiques. S'ils sont placés le plus souvent dans la première rangée des loges, certains n'hésitent pas à prendre place sur une chaise installée sur la scène même, se faisant ainsi à la fois spectateurs et spectacle.

... et peu discipliné

Le silence religieux qui a cours au XXᵉ siècle dans une salle de spectacle est loin d'être de mise au XVIIᵉ siècle. Les nobles et jeunes courtisans à la mode, installés sur scène, méprisent parfois le spectacle pour tenir salon avec leur entourage. Quant au parterre, s'il est un peu plus attentif, il n'en demeure pas moins bruyant, manifestant haut et fort son enthousiasme, ses craintes ou sa désapprobation. Au théâtre, on va, on vient, on applaudit autant qu'on lance, si on l'estime mérité, des fruits pourris sur la scène. Le métier d'acteur est donc parfois difficile, dans de telles conditions.

Décors et costumes
•

Les décors

Au début du siècle, le décor le plus simple est constitué de trois panneaux peints disposés en U sur la scène. Chacune de ces toiles représente un lieu différent devant lequel jouent les comédiens. On parle alors de « décor simultané ». Les peintures peuvent figurer, par exemple un carrefour, dans une comédie, ou un palais, dans une tragédie. C'est pour mieux voir les décors, et le spectacle bien sûr, que la cour a pris l'habitude de s'installer sur scène. Ensuite, avec la rénovation et l'agrandissement des salles, il est devenu possible de changer de décor pendant la pièce, grâce aux machineries mises en œuvre à cet effet. L'art du décor et le travail de la machine deviennent alors poussés au point que l'on peut faire apparaître des fantômes, faire traverser des dieux dans les airs ou utiliser des feux d'artifices et des jeux d'eau.

Les costumes

Les accessoires n'ont pas au XVIIᵉ siècle l'importance qu'ils revêtiront par la suite. Ainsi, les costumes utilisés pour les tragédies tentent d'évoquer les tenues vestimentaires des Grecs et des Romains de l'Antiquité. Les tenues orientales ont, elles aussi, une valeur essentiellement symbolique, même si elles tendent à se rapprocher des vêtements turcs contemporains, connus du public, notamment grâce à la visite d'une ambassade turque en 1670. Car il ne s'agit pas d'*être* mais de *faire* oriental, grec ou romain. Les comédiens gardent leur imposante perruque. Le costume est donc plus symbolique que réaliste. D'ailleurs, lorsqu'ils jouent une comédie, les acteurs conservent une tenue contemporaine.

LES PROFESSIONNELS DE THÉÂTRE

Les auteurs
•

C'est au XVIIe siècle que les dramaturges voient leur notoriété et leur travail véritablement reconnus. Considérés au XVIe siècle comme de simples producteurs de textes, ils prennent place, au siècle suivant, dans le rang des créateurs littéraires, grâce au succès de leurs représentations. Une pièce est le plus souvent le produit d'une commande. Pour qu'elle soit ensuite publiée, il faut l'accord du directeur des acteurs de la troupe, qui se montre parfois réticent, n'ignorant pas qu'après publication, la pièce pourra être jouée par d'autres troupes. Il n'est donc pas facile pour les dramaturges d'imprimer une pièce si elle remporte du succès lors des premières représentations. Puis, au cours du siècle, l'opinion du public change et l'auteur de théâtre n'est plus considéré comme un simple employé au service et à la charge d'une troupe. Imprimer devient alors plus facile. Les auteurs pourtant n'y gagnent que peu. Leur statut change alors, à leur bénéfice. Ils reçoivent une prime à la création, proportionnelle à leur réputation. Cette prime sera plus tard complétée par une partie des recettes de chaque représentation.

Pour s'assurer le succès d'une nouvelle pièce, les auteurs de théâtre se livrent d'abord à une lecture en petit comité. Leurs *Préfaces* prouvent, par ailleurs, à quel point ils sont attachés à la réception de leur œuvre auprès du public. Celles-ci retracent souvent l'accueil de la pièce et sont le lieu de justifications ou d'exposition de choix personnels. Le dramaturge y cite ses sources, révèle son caractère, compare son œuvre à d'autres pièces et règle éventuellement ses comptes.

Bien vu du public, l'auteur de théâtre l'est aussi, dans l'ensemble, par la religion qui fustige davantage l'exercice du métier de comédien que la création littéraire.

Les acteurs et les troupes
•

Au tout début du siècle, s'installent à l'hôtel de Bourgogne les « Comédiens du Roi », d'abord dirigés par Valleran, puis par Bellerose. Les comédiens partagent souvent un théâtre avec une autre troupe, comme celle des Italiens, lors de leurs passages à Paris. Les

« Comédiens du Roi » comptent une grande variété d'acteurs : de célèbres tragédiens comme Bellerose, Montfleury et Floridor, des acteurs de farces comme Gros-Guillaume et, du côté des femmes, la Du Parc et la Champmeslé.

La troupe des comédiens de Montdory s'installe au théâtre du Marais. Ses acteurs connaissent le succès mais finissent par se disperser. De nouveaux comédiens arrivent en France, « les Italiens ». Installés d'abord au Petit-Bourbon, ils partagent ensuite le Palais-Royal avec la troupe de Molière. Cette dernière était constituée, au départ, d'acteurs célèbres : Madeleine Béjart, sa sœur Armande, Marquise du Parc, La Grange et enfin Jodelet.

Dans le dernier tiers du siècle, chaque théâtre possède son registre. Les pièces musicales sont jouées au Palais-Royal (après le départ de la troupe de Molière), les œuvres des auteurs morts à la Comédie-Française, les pièces contemporaines et les comédies à l'hôtel de Bourgogne.

Les protecteurs
•

C'est au XVIᵉ siècle que les liens entre les Princes et les troupes de théâtre se nouent, sous l'influence de Marie de Médicis, attachée aux comédies italiennes de sa patrie d'origine. La protection royale, jusqu'à Louis XIII, a d'abord été réservée aux Italiens. Mais à partir de 1635, les troupes du Bourgogne et du Marais perçoivent une subvention annuelle. Amateur de théâtre et de ballets, Louis XIV poursuit l'œuvre de ses prédécesseurs. Son frère, Monsieur, contribue au succès de la troupe de Molière, Louis XIV devient le parrain de son fils, donne à ses acteurs le titre de « Troupe du Roi » et leur verse une pension. Les dramaturges peuvent par ailleurs obtenir une gratification en dédiant leur œuvre à un haut personnage.

Racine, pour sa part, a commencé par écrire des vers d'éloge, avant de s'adonner à l'écriture purement dramatique. Pensionné par le roi (il perçoit 800 livres en 1665, puis 2000 livres en 1677), il deviendra gentilhomme ordinaire de la Chambre du Roi en 1690. Les auteurs, au XVIIᵉ siècle, ne possèdent pas – à l'exception de Corneille, avocat et possesseur d'une charge au Palais de Justice de Rouen – de fortune personnelle, ils sont donc contraints, dans une certaine mesure, de se placer dans la dépendance du pouvoir royal et du « bon goût ».

ACTE I	HORS SCÈNE
Scène 1 Antiochus envoie Arsace prévenir Bénérice qu'il souhaite lui parler.	
Scène 2 Monologue* d'Antiochus : il souhaite déclarer son amour à Bérénice puis quitter Rome.	Arsace parvient, avec difficulté, à prévenir Bérénice, après avoir fait préparer des vaisseaux pour le départ d'Antiochus.
Scène 3 Antiochus révèle à Arsace qu'il quittera Rome si le mariage de Titus et de Bérénice est confirmé.	
Scène 4 Bérénice accueille la déclaration d'amour d'Antiochus avec hauteur.	
Scène 5 Phénice plaint Antiochus, rappelle à la reine que Titus n'a rien décidé, mais Bérénice garde confiance en lui.	

ACTE II	HORS SCÈNE
Scène 1 Titus attend Antiochus, il souhaite lui parler.	Bérénice prie pour la prospérité du règne de Titus.
Scène 2 Titus révèle à Paulin sa décision de renvoyer Bérénice qu'Antiochus raccompagnera, mais, encore amoureux, il craint d'annoncer à la reine la nouvelle.	
Scène 3 On annonce l'arrivée de la reine. Titus appréhende de la rencontrer.	
Scène 4 Bérénice reproche à Titus son manque d'attentions. L'empereur, incapable d'avouer sa décision, quitte la scène.	
Scène 5 Bérénice cherche des explications au mutisme de Titus et finit par le croire jaloux d'Antiochus.	

ACTE III	HORS SCÈNE
Scène 1 Titus demande à Antiochus de ramener Bérénice en Palestine.	
Scène 2 D'abord heureux, Antiochus finit par craindre la réaction de Bérénice.	
Scène 3 Face à elle, il n'ose parler, puis le fait sous la contrainte. Bérénice refuse de le croire.	
Scène 4 Désespéré, Antiochus décide de partir le soir même.	

118

ACTE IV	HORS SCÈNE
Scène 1 Bérénice souhaite voir immédiatement Titus.	Phénice est partie chercher Titus.
Scène 2 Phénice annonce l'arrivée de Titus et tente de calmer la reine.	
Scène 3 Titus souhaite rester seul un instant.	
Scène 4 Monologue* de Titus : il pèse le pour et le contre à propos de son mariage et opte pour la séparation.	Bérénice écoute les conseils de ses suivantes.
Scène 5 Titus explique à Bérénice la nécessité de leur rupture. En colère, puis désespérée, Bérénice menace de se tuer.	
Scène 6 Paulin encourage l'empereur à rester ferme dans sa décision.	Bérénice est au désespoir.
Scène 7 Antiochus supplie Titus de rejoindre Bérénice.	
Scène 8 On vient chercher Titus afin qu'il reçoive l'hommage des Romains.	

ENTRE L'ACTE IV ET L'ACTE V	HORS SCÈNE
	Bérénice se reprend, décide de partir et écrit à Titus.

ACTE V	HORS SCÈNE
Scène 1 Arsace cherche Antiochus.	Titus est auprès des Romains.
Scène 2 Il lui explique que Bérénice a décidé de partir le soir même sans revoir Titus à qui elle a écrit une lettre. Antiochus n'ose s'en réjouir.	Titus est auprès des Romains.
Scène 3 Titus veut prendre Antiochus comme témoin d'une preuve d'amour qu'il entend donner à Bérénice.	
Scène 4 L'espoir d'Antiochus s'effondre, il est convaincu que le mariage va avoir lieu.	
Scène 5 Face à Bérénice, Titus tente de s'expliquer, il lit sa lettre. Bérénice l'accable de reproches et reste effondrée.	
Scène 6 Titus finit par justifier sa décision, puis déclare qu'il se tuera si Bérénice ne reste pas en vie.	
Scène 7 Antiochus avoue à l'empereur son amour pour la reine, mais il renoncera à cet amour pour que Titus et Bérénice vivent heureux. Touchée par tous ces sacrifices, Bérénice accepte de partir et de vivre…	

À PROPOS DE L'ŒUVRE

Personnage érudit, comme la plupart des hommes lettrés de son temps, Racine possède une connaissance poussée des textes antiques qu'il a étudiés lors de son parcours scolaire aux Petites-Écoles de Port-Royal. C'est là qu'il se retrouve avec des maîtres prestigieux comme Lancelot et Nicole qui lui enseignent à lire les auteurs grecs et latins dans le texte. L'histoire de *Bérénice* n'est pourtant pas le seul produit de ses lectures d'historiens latins, car Racine a pu trouver chez ses contemporains l'inspiration pour la rédaction de sa tragédie.

SOURCES CONTEMPORAINES

La trame
•

Les amours contrariées de Bérénice avec l'empereur Titus sont un sujet qui avait déjà inspiré quelques auteurs du XVIIᵉ siècle, avant que Racine ne le traite. S'il s'est, il est vrai, fortement inspiré des historiens latins qui l'ont évoqué, Racine n'a pas pour autant découvert son sujet chez Suétone ou Tacite. En effet, en 1645, Pierre du Ryer compose une *Bérénice*, de même que Thomas Corneille en 1661. De plus, hormis ces deux pièces dramatiques, une œuvre romanesque du même siècle a pu guider Racine dans ses choix, même si elle ne traitait qu'indirectement du thème propre à notre tragédie. Il s'agit des *Femmes illustres ou les Harangues héroïques* de Georges de Scudéry qui, dans la Harangue VII, présente Bérénice comme un personnage digne, même dans le renoncement :

> *Je suis assurée, dit-elle, de posséder toujours votre cœur :*
> *c'est par cette pensée que je puis espérer vivre dans mon exil.*

L'œuvre de Scudéry se démarque de celle de Racine, puisqu'elle ne livre que le seul point de vue de la reine Bérénice, à travers un long monologue• élégiaque*.
Puis, en 1646, Le Vert publie *Aricidie ou le mariage de Tite*, tragi-comédie brossant de Bérénice le même portrait d'héroïne de l'amour parfait. Mais là encore, peu de points communs avec la *Bérénice* de Racine. Titus en effet y est amoureux d'une autre jeune femme, Aricidie, et Bérénice n'est qu'à peine mentionnée. En 1660 enfin, Magnon publie son *Tite*, autre tragi-comédie dans laquelle l'empereur, au mépris de la vérité historique, finit par épouser Bérénice.

SOURCES HISTORIQUES

Les personnages
•

Les trois protagonistes• de *Bérénice* ont réellement existé, ils ont vécu il y a un peu moins de deux mille ans, et trois historiens, au moins, ont sinon retracé leur vie, du moins évoqué leur rôle dans les circonstances politiques de la Rome du Ier siècle de notre ère. Racine s'est inspiré en premier lieu de Suétone, auteur latin (69-126 ap. J.-C.) qu'il cite dans sa *Préface*, à l'origine des *Vies des douze Césars* où deux chapitres sont consacré à Titus et à Vespasien. Racine a lu également un autre historien latin célèbre pour ses *Histoires*, Tacite, ainsi que deux ouvrages d'un historien d'origine juive, Flavius Josèphe : *La Guerre des Juifs* et *Les Antiquités judaïques*. Voici pour chacun de ces trois auteurs, les extraits les plus significatifs, au regard de l'éclairage qu'ils apportent sur l'œuvre de Racine.

Bérénice

> À ce moment Agrippa s'était rendu à Alexandrie afin de féliciter Alexandre, honoré de la confiance de Néron et envoyé gouverner l'Égypte.
> Quant à sa sœur Bérénice, qui se trouvait à Jérusalem, et qui voyait les exactions des soldats, elle en ressentit une terrible émotion, et souvent elle envoya ses chefs de cavalerie et gardes du corps à Florus pour lui demander de faire cesser le massacre.
>
> Flavius Josèphe, *Guerre des Juifs*, II, 309-310, trad. P. Savinel, Éd. de Minuit.

> Avant les ides de juillet, la Syrie dans son ensemble prêta aussi serment. Adhérèrent à Vespasien des rois avec leurs sujets : Sohaemus, dont les forces n'étaient pas à dédaigner, Antiochus, que d'antiques richesses rendaient puissant, car c'était le plus opulent des rois asservis. Averti secrètement par les messages de ses amis, Agrippa avait quitté sa résidence de Rome à l'insu de Vitellius et avait hâté son retour par mer. Avec un égal empressement, la reine Bérénice servait le parti : elle était dans la fleur de l'âge comme de la beauté et le vieux Vespasien, lui aussi, lui trouvait des charmes à cause de la magnificence de ses présents.
>
> Tacite, *Histoires*, II, 81, trad. H. Goelzer, Les Belles Lettres.

Titus

> Dès son enfance, brillèrent en lui les qualités du corps et de l'esprit, qui se développèrent de plus en plus avec le progrès de l'âge : une beauté incomparable faite de majesté non moins que de grâce, une vigueur extrême, malgré sa petite taille et son ventre un peu trop proéminent, une mémoire extraordinaire, des dispositions presque pour tous les arts militaires et civils. Il était très habile à manier les armes et les chevaux, capable, soit en latin soit en grec, de faire un discours ou de composer des vers avec une facilité qui allait jusqu'à l'improvisation ; la musique elle-même ne lui était pas étrangère, car il chantait et jouait de la lyre d'une façon agréable et suivant les règles de l'art. Je tiens de plusieurs personnes qu'il avait aussi l'habitude de sténographier avec une extrême vitesse, car il s'amusait à concourir avec ses secrétaires, et d'imiter toutes les écritures qu'il voyait, ce qui lui faisait dire souvent « qu'il aurait pu être un excellent faussaire ».
>
> Suétone, *Vies des douze Césars*, Divus Titus, III, trad. H. Ailloud, Les Belles Lettres.

Titus et Bérénice

Son âme était ainsi ballottée entre l'espoir et la crainte, quand l'espoir l'emporta. Plusieurs auteurs ont cru que sa flamme pour la reine Bérénice détermina son retour en Orient ; il est vrai que son cœur de jeune homme ne le laissait pas indifférent à Bérénice, mais son activité politique n'était pas entravée de ce fait : il passa sa jeunesse à goûter aux voluptés, plus retenu sous son principat que pendant celui de son père. Titus côtoya donc les provinces d'Achaïe et d'Asie et, laissant à gauche la mer qui les baigne, vers Rhodes et Chypre d'abord, vers la Syrie ensuite, il cinglait par des routes plus hardies. Mais à Chypre il fut pris du désir d'aller voir le temple de la Vénus de Paphos, célèbre par l'affluence des indigènes et des étrangers.

Tacite, *Histoires*, II, 2, trad. H. Goelzer, Les Belles Lettres.

Outre sa cruauté, on appréhendait encore son intempérance, parce qu'il se livrait avec les plus prodigues de ses amis à des orgies qui duraient jusqu'au milieu de la nuit ; et non moins son libertinage, à cause de ses troupes de mignons et d'eunuques, et de sa passion fameuse pour la reine Bérénice, à laquelle, disait-on, il avait même promis le mariage ; on appréhendait sa rapacité, parce qu'il était notoire qu'il avait coutume de vendre la justice et de s'assurer des profits dans les affaires jugées par son père ; enfin, tous le considéraient et le représentaient ouvertement comme un autre Néron. Mais cette mauvaise renommée tourna à son avantage et fit place aux plus grands éloges, quand on ne découvrit en lui aucun vice et, tout au contraire, les plus rares vertus. Il se mit à donner des festins agréables plutôt que dispendieux. Il sut choisir des amis auxquels ses successeurs eux-mêmes accordèrent toute leur confiance et leur faveur, jugeant qu'ils leur étaient indispensables, aussi bien qu'à l'État. Quant à Bérénice, il la renvoya aussitôt loin de Rome, malgré lui et malgré elle.

Suétone, *Divus Titus*, VII, trad. H. Ailloud, Les Belles Lettres.

Antiochus

Alors parut Antiochus Épiphane avec de nombreux hoplites et, autour de lui, une troupe dite « macédonienne », tous du même âge, de haute taille, depuis peu sortis de l'adolescence, armés et élevés à la macédonienne, d'où leur surnom, même si la plupart étaient dépourvus de cette origine. [...]
Cependant, alors qu'il était dans toute sa puissance, son fils qui était là dit son étonnement de voir les Romains hésiter à attaquer le rempart. Or c'était un valeureux guerrier, hardi par nature et doué d'une telle force que ses coups d'audace échouaient rarement.
Comme Titus avait souri et dit que « le champ de la guerre était accessible à tous », Antiochus s'élança comme il était avec les Macédoniens contre le mur. Lui-même, grâce à sa force et à son entraînement, il se gardait des traits des Juifs et leur en décochait, mais les jeunes soldats qui étaient avec lui furent tous brisés, sauf exception, car, par respect pour leur promesse, ils rivalisaient d'ardeur au combat.
Et, pour finir, ils reculèrent, blessés pour la plupart, méditant que, même pour de vrais Macédoniens, s'ils voulaient vaincre, il fallait la chance d'Alexandre.

Flavius Josèphe, *Guerre des Juifs*, V, 460-465,
trad. P. Savinel, Éd. de Minuit.

AU XVIIᵉ SIÈCLE

L'accueil de *Bérénice*
•

Bérénice est représentée pour la première fois à l'hôtel de Bourgogne en novembre 1670. La pièce reçoit un accueil très enthousiaste de la part du public. La tragédie a séduit les spectateurs autant que les auditeurs auxquels Racine avait précédemment offert la lecture de son œuvre. *Bérénice* a su « plaire et toucher » un public ému qui, dit-on, a beaucoup pleuré.

Un tel triomphe est dû, bien entendu, à la qualité de composition de la pièce, mais aussi au talent des prestigieux comédiens qui l'ont alors interprétée. Titus était joué par le célèbre tragédien Floridor, très en vogue auprès du public, la Champmeslé, nouvelle maîtresse de Racine, interprétait le rôle de Bérénice, et son mari celui d'Antiochus.

Les critiques
•

Pourtant, sans qu'il y ait vraiment de véritable cabale constituée contre la pièce, certains critiques font entendre leur voix. Ainsi, l'abbé de Villars, principal détracteur de l'œuvre à l'époque, rédige une *Critique de Bérénice*, en décembre 1670. Mais les reproches qu'il y formule n'ont pas été suffisants pour que le succès de la pièce en pâtisse. L'abbé de Villars conteste essentiellement le manque de liaison des scènes et le peu de matière de la tragédie :

> *L'auteur a trouvé à propos, pour s'éloigner du genre d'écrire de Corneille, de faire une pièce de théâtre qui, depuis le commencement jusqu'à la fin, n'est qu'un tissu sanglant de madrigaux et d'élégies. Il ne faut donc pas s'étonner s'il ne s'est pas mis en peine de la liaison des scènes, s'il a laissé plusieurs fois le théâtre vide et si la plupart des scènes sont peu nécessaires. Le moyen d'ajuster tant d'élégies* et de madrigaux ensemble, avec la même suite que si l'on eût voulu faire une comédie dans les règles !*
>
> Abbé de Villars, *Critique de Bérénice*, 1671.
> Propos extraits de *La Carrière de Jean Racine*, R. Picard,
> Gallimard, 1961, p. 154-167.

L'auteur déclare également que le rôle d'Antiochus est « ennuyeux et vide », que Titus n'est pas « un héros romain [...] mais seulement un amant fidèle qui fil[e] le parfait amour à la Celadone ». Il ne nie pas le succès de la tragédie mais le condamne, prétendant qu'il suffit :

> *pour la commodité des dames, de la jeunesse de la Cour et des faiseurs de recueils de pièces galantes... de faire bonne provision de sentiments élégiaques*, de tendresse, de madrigal, de pensées brillantes, du reste dédaigner les règles, l'invention, l'histoire, les bonnes mœurs, l'uniformité des caractères, le vraisemblable.*
>
> *Ibidem*, p. 154-167.

Mais une *Réponse à la Critique de Bérénice*, qui n'a pas été rédigée par Racine, s'empresse, dès février 1671, de défendre la pièce, alléguant l'enthousiasme qu'elle reçut de la part de Louis XIV. C'est d'ailleurs ce que note Racine dans son *Épître* dédicatoire à *Monseigneur Colbert*, et il répondra, en les ignorant, à ces accusations en rédigeant la *Préface de Bérénice*. Louis Racine, le fils du tragédien, rapporte dans ses *Mémoires* un certain nombre de traits ou d'événements qui piquèrent la sensibilité de Racine après les premières représentations :

> *Sa tragédie [...] fut très peu respectée sur le Théâtre-Italien. Il [Racine] assista à cette parodie bouffonne, et y parut rire comme les autres ; mais il avouait à ses amis qu'il n'avait ri qu'extérieurement. La rime indécente qu'Arlequin mettait à la suite de « la reine Bérénice » le chagrinait au point de lui faire oublier le concours du public à sa pièce, les larmes des spectateurs, et les éloges de la Cour. C'était dans de pareils moments qu'il se dégoûtait du métier de poète, et qu'il faisait résolution d'y renoncer : il reconnaissait la faiblesse de l'homme, et la vanité de notre amour-propre, que si peu de chose humilie. Il fut encore frappé d'un mot de Chapelle, qui fit plus d'impression sur lui que toutes les critiques de l'abbé Villars, qu'il avait su mépriser. Ses meilleurs amis vantaient l'art avec lequel il avait traité un sujet si simple, en ajoutant que le sujet n'avait pas été bien choisi ; la princesse que j'ai nommée [Henriette d'Angleterre] lui avait fait promettre qu'il le traiterait ; et comme courtisan, il s'était engagé. « Si je m'y étais trouvé, disait Boileau, je l'aurais bien empêché de donner sa parole. » Chapelle, sans louer ni critiquer, gardait le silence. Mon père enfin le pressa vivement de se déclarer : « Avouez-moi en ami, lui dit-il, votre sentiment. Que pensez-vous de Bérénice ? – Ce que j'en pense ? répondit Chapelle : Marion pleure, Marion crie, Marion veut qu'on la marie. » Ce mot qui fut bientôt répandu, a été depuis attribué mal à propos à d'autres.*
>
> *La parodie bouffonne faite sur le Théâtre-Italien, les railleries de Saint-Evremond, et le mot de Chapelle ne consolaient pas Corneille, qui voyait la Bérénice, rivale de la sienne, raillée et suivie, tandis que la sienne était entièrement abandonnée.*

Louis Racine, *Mémoires sur la vie et les ouvrages de Jean Racine*.
Lausanne et Genève, Bousquet, 1747, 2 vol. in-12.

Mais le triomphe de la tragédie est bien réel, et comme en témoigne le fait que cette pièce fut choisie pour être représentée aux fêtes du mariage du duc de Nevers et de Mademoiselle de Thianges. Un rédacteur de gazette hebdomadaire, Robinet, déclare à ce propos, avant de vanter le mérite des comédiens :

> « *L'excellente troupe royale*
> *Joua miraculeusement*
> *Son amoureuse Bérénice.* »

Reste enfin la correspondance de Mme Bossuet et de Bussy-Rabutin, qui nous livre la perception première qu'eut de *Bérénice* le public du XVIIᵉ. La pièce fut davantage accueillie pour son impact sentimental que pour les valeurs héroïques qu'elle propose, valeurs propres à une tragédie cornélienne alors senties d'un autre temps. Mme Bossuet écrit :

Je suis assurée qu'elle vous plaira ; mais il faut pour cela que vous soyez en goût de tendresse, je dis de la plus fine, car jamais femme [Bérénice] n'a poussé si loin l'amour et la délicatesse qu'a fait celle-là. »
Propos extraits de *La Carrière de Jean Racine*, R. Picard, Gallimard, 1961, p. 154-167.

AU XVIIIᵉ SIÈCLE

La tragédie de Racine a vu son succès se prolonger tout au long du XVIIIᵉ siècle. L'expression de l'émotion et des sentiments passionnés qui a cours dans l'œuvre n'était pas, en effet, pour déplaire à un public alors enclin à la représentation de drames larmoyants. Jusqu'en 1770, la tragédie de Racine offrira plus de cent dix représentations à la Comédie-Française.

AU XIXᵉ SIÈCLE

Bérénice, au siècle suivant, connaît en revanche un déclin considérable auprès du public. Elle est à peine représentée une vingtaine de fois, sans doute à cause d'un manque d'enthousiasme de la part de spectateurs réclamant alors l'expression de passions plus marquées ou de lyrisme* moins contenu.

AU XXᵉ SIÈCLE

Au XXᵉ siècle, le succès de la pièce de Racine est constant. La tragédie a ainsi été représentée près de cent trente fois, lors de ces quarante dernières années à la Comédie-Française. Il semblerait toutefois, comme le note G. Forestier (dans ses *Commentaires de Bérénice*, Livre de Poche, 1987, p. 137) que la pièce ait pour destin « de subir des éclipses suivies d'éclatantes renaissances ».
Par ailleurs, les études sur *Bérénice* abondent, comme en témoignent ces extraits.

Roland Barthes analyse ainsi l'attrait de Titus pour Bérénice :

> *C'est Bérénice qui désire Titus. Titus n'est lié à Bérénice que par l'habitude. Bérénice est au contraire liée à Titus par une image, ce qui veut dire, chez Racine, par Éros ; cette image est naturellement nocturne, Bérénice y revient à loisir, chaque fois qu'elle pense à son amour ; Titus a pour elle la volupté d'un éclat entouré d'ombre, d'une splendeur tempérée ; replacé par un protocole proprement racinien au cœur de cette « nuit enflammée » où il a reçu les hommages du peuple et du sénat devant le bûcher de son père, il révèle dans l'image érotique son essence corporelle, l'éclat de la douceur [...].*

Le critique poursuit, jugeant l'attitude de Titus envers Bérénice :

> *Bérénice n'est donc pas une tragédie du sacrifice, mais l'histoire d'une répudiation que Titus n'ose pas assumer. Titus est déchiré, non entre un devoir et un amour, mais entre un projet et un acte. Tel est ce rien célèbre : la distance mince et pourtant laborieusement parcourue, qui sépare une*

intention de son alibi : l'alibi trouvé, vécu théâtralement (*Titus va jusqu'à mimer sa mort*), l'intention peut s'accomplir, Bérénice est renvoyée, la fidélité liquidée, sans qu'il y ait même risque de remords.
Roland Barthes, *Sur Racine*, Le Seuil, coll. « Points », 1963, p. 88-93.

Henri Gouhier, dans une étude sur « Le tragique et la mort », commente l'absence de mort dans *Bérénice* ainsi que le rôle de Rome.

> Il y a tragédie par la présence d'une transcendance : il y a drame par la présence de la mort. [...]. Oui, on meurt beaucoup dans les tragédies, mais ce n'est pas pour cela qu'elles sont tragiques. [...] Il y a des pièces sans cadavres qui sont des tragédies : l'auteur de Bérénice est ici un témoin capital. [...] Non seulement il n'y aura pas de cadavres dans Bérénice, mais la « grandeur de l'action » et « l'héroïsme des acteurs » seront dans le fait d'accepter la vie. Le mot qui dit cette « grandeur » et cet « héroïsme », le mot tout rayonnant de « tristesse majestueuse » est : je vivrai. [...] Bérénice, Titus, Antiochus sacrifient leur mort, et pour cette princesse, cet empereur, ce soldat, pareil sacrifice est plus grand que celui de leur vie. Là est la vertu tragique du invitus, invitam. « Malgré lui, malgré elle... ». [...] En écartant la mort du dénouement, Racine n'atténue pas la vertu tragique de la pièce : celle-ci est liée à la présence de la transcendance ; mais l'action se trouve maintenue en dehors du drame, si l'on admet que celui-ci est lié à la présence de la mort.
>
> Henri Gouhier, *Le Théâtre et l'Existence*,
> Librairie philosophique J. Vrin, 1991, p. 69-71.

Jean Rohou montre l'originalité de la pièce de Racine :

> Au dénouement de Britannicus, le désir avait éliminé le rival et le Père. Ici, le père vient en effet de mourir ; les amants vont être heureux :
>
> « Le temps n'est plus, Phénice, où je pouvais trembler.
> Titus m'aime, il peut tout, il n'a plus qu'à parler. » (v. 297-298)
>
> Mais non : Titus découvre que l'accession à la liberté est aussi accession à la responsabilité, et que celle-ci l'emporte chez celui qui doit assumer une charge et ceux qu'il se refuse à la tyrannie. C'est avant qu'il était libre, tandis que maintenant s'inscrit en lui un impératif socio-idéologique extérieur et opposé à sa personnalité privée : sa « gloire inexorable » (v. 1394), c'est-à-dire le sens de ce qu'il se doit en tant qu'empereur. Il adore Bérénice, et, malgré sa traditionnelle hostilité aux reines et à l'Orient (v. 376-419, 1013-1022), malgré une secrète réticence, « Rome se tait » (v. 1084), prête à l'accepter pour impératrice. Mais l'imposer serait une faute morale et politique, un premier pas vers la tyrannie ou la perte d'autorité (v. 1139-1146). [...] Malgré les fières déclarations de la Préface, c'est moins la volonté de l'auteur que la nature du sujet qui fait la simplicité de cette pièce. Elle ne dure que le temps nécessaire pour que Titus, qui sait d'emblée à quoi s'en tenir, ait le courage d'assumer la situation, d'informer Bérénice, de lui répéter la triste vérité ; le temps nécessaire pour que tous trois renoncent à l'espoir, à la révolte et au suicide.
>
> Jean Rohou, *La Tragédie classique*, SEDES, 1996, p. 236-237.

Entre 1648 et 1652, Louis XIV, encore enfant (10-14 ans), sous la tutelle de Mazarin et de sa mère Anne d'Autriche, subit la période des Frondes. Cette succession de révoltes princières, qui visent à ébranler l'autorité royale aura, sur la politique du futur Roi Soleil une influence notable. En effet, afin de contrôler la haute noblesse pour éviter de nouveaux complots, Louis XIV, dès les premiers temps de son règne personnel, entend mettre en œuvre une stratégie de dépendance auprès des courtisans, alors contraints, par un jeu de privilèges, d'asseoir l'autorité du Roi Soleil. Poursuivant, pour l'amplifier, la politique culturelle de son père, le roi, féru de lettres, de peinture, d'architecture et de musique, rapproche les artistes de son entourage, instaure le culte de sa personne, en même temps que des règles de vie auprès des courtisans, au gré des déplacements d'une résidence royale à l'autre.

LA COUR DE VERSAILLES

Une installation progressive
•

On a coutume de représenter le Roi Soleil au château de Versailles, comme si la cour n'avait eu pour résidence que ce seul palais. Pourtant, ce n'est qu'en 1681-1682 que Louis XIV en fera son lieu de séjour définitif, soit vingt ans après sa prise de pouvoir.

Une première installation à Fontainebleau
En 1661, Louis XIV annonce sa décision de gouverner lui-même. Il a vingt-trois ans et vient d'épouser Marie-Thérèse d'Autriche. Il quitte alors le Louvre au printemps, pour s'installer à Fontainebleau. Gentilshommes et grands seigneurs l'y rejoignent, conviés aux multiples divertissements que le roi leur offre.

Une cour caractérisée par sa jeunesse
Louis XIV s'entoure de sa famille : son frère, le duc d'Orléans, n'a que vingt et un ans, la femme de celui-ci, Henriette d'Angleterre, a dix-sept ans et leurs compagnons ont rarement au-delà de la trentaine. La période de paix, saluée par tous après les souffrances des guerres et les épreuves de la Fronde, change progressivement l'esprit de la cour, davantage réceptive aux jeux, à la galanterie, préparant ainsi une nouvelle sensibilité.

Les déplacements de la cour
Le roi a le goût du changement, et des voyages. Des travaux ont été entrepris au Louvre, à Saint-Germain et à Versailles. Alors, pour éviter de résider dans le tumulte, la cour se cherche une résidence tranquille, loin des gravats, du bruit et des odeurs de peinture. Ainsi, bien avant l'installation définitive à Versailles, la cour quitte Paris pour Fontainebleau, mais fréquente dans le même temps Saint-Germain et même, à l'occasion, Versailles. Lors de chaque déplacement, la cour suit, s'efforçant tant bien que mal de s'adapter aux aléas du voyage.

Une prédilection accrue pour Versailles
Négligeant les travaux de rénovation entrepris par Colbert au Louvre, Louis XIV effectue des visites de plus en plus fréquentes à Versailles, ancien pavillon de chasse de son père que le jeune roi redécouvre en 1660. Le château est alors en partie reconstruit par Le Vau mais ce sont surtout les jardins qui y sont aménagés par Le Nôtre, car Louis XIV semble avoir trouvé l'endroit idéal pour abriter ses amours avec Mlle de La Vallière.

L'ENTREPRISE DES TRAVAUX DE VERSAILLES

Les travaux au château
C'est à la fin des années 1660 que les travaux d'agrandissement sont entamés. Charles Le Brun est chargé de la décoration intérieure des appartements. Les jardins sont aménagés, le grand canal et des bassins sont creusés et des jeux d'eau variés animent le parc. Le roi n'a pas encore l'intention de s'y installer définitivement, mais prépare malgré tout le château pour des séjours plus prolongés dès les années 1670. À la fin du XVIIe siècle, Versailles, agrandi, peut recevoir les princes et les courtisans mais ne possède pas encore de salle de spectacle et les fêtes de la cour se déroulent alors dans les jardins.

La construction de la ville
Parallèlement, le roi entend urbaniser le village de Versailles. Trois avenues sont tracées pour converger vers la place d'armes et les premiers pavillons voient le jour. Au départ réticente, la noblesse, après l'annonce officielle en 1677 que Versailles serait, à terme, la résidence principale du roi, entreprend la construction de somptueux hôtels, en accord esthétique avec le château.

LA VIE RÉGLÉE DE LA COUR

La cour, quoique souvent en déplacement, obéit à une certaine régularité. Les courtisans suivent, selon la fonction de chacun, le rythme du roi qui, dans les grandes lignes, demeure inchangé d'une journée à l'autre.

Une journée type du Roi Soleil
•

Le lever du roi
Le roi est réveillé par son premier valet de chambre. Assister à son lever est un privilège réservé à un petit nombre. Cette faveur, accordée par Louis XIV, donne aux gens de la cour l'occasion de l'entretenir en privé. Ce sont « les grandes entrées ». Après toilette et prière, le roi se lève et se fait coiffer. Arrivent alors « les secondes entrées », plus nom-

breuses, puis « les entrées de la chambre ». Enfin, le roi s'habille et rejoint son cabinet de travail pour y donner les ordres de la journée.

La matinée

L'heure de la messe sonne et convie les courtisans à rejoindre le roi dans sa chapelle. Là aussi, chacun a sa place et ses privilèges. Le reste de la matinée est consacré pour le roi aux tâches du gouvernement et pour les courtisans, aux visites.

Le dîner du roi

Il correspond à notre déjeuner et est réservé à la famille proche. Quelques courtisans y assistent, mais debout. Le roi accorde ensuite des audiences et rejoint son cabinet de travail.

L'après-midi

Après avoir travaillé plusieurs heures, le roi s'accorde une longue promenade ou réserve ce temps de repos à la chasse.

Le coucher du roi

Le roi soupe vers dix heures le soir et reste ensuite en famille. Le « grand coucher » a lieu lui aussi en public. Le roi se déshabille, récite ses prières et se couche.

Ce protocole quotidien permet au roi de rester proche de ses courtisans, qu'il tient ainsi sous son contrôle par le jeu des privilèges et faveurs qu'il accorde selon son bon vouloir.

Les privilèges du rang
●

À la cour, chacun a sa place, son rang et les privilèges auxquels ce dernier donne droit. L'étiquette y est respectée par tous et le moindre conflit est rapporté au roi et bien souvent tranché par lui. Les privilèges sont accordés par la naissance et par la faveur royale. Le roi peut ainsi récompenser, flatter ou punir en privant d'une faveur, selon son gré. Ainsi, afin de récompenser ceux qu'il en juge dignes, Louis XIV peut, au-delà de l'accord d'un privilège, anoblir de bons serviteurs. L'anoblissement individuel est rare, certains artistes en ont bénéficié comme Le Nôtre, ou bien des médecins ou des ingénieurs. Reste l'anoblissement par charge dont bénéficièrent par exemple Racine et La Bruyère qui se virent confier des charges à la cour.

La vie des courtisans est loin d'être de tout repos. Ils sont le plus souvent debout, du moins en présence de Louis XIV, car seules quelques dames ont « le privilège du tabouret ». Les courtisans règlent leur vie sur le rythme du roi, attendent souvent son passage, s'empressent autour de lui pour se faire remarquer et se doivent d'obéir aux règles du protocole : rester couvert en présence du roi, s'asseoir ou rester debout selon que l'entourage du moment a un rang plus ou moins élevé, surveiller sa tenue, sa conversation aussi, car il convient de ne pas trop parler affaires. Alors les conversations tournent autour de la chasse pour les hommes, des chiffons pour les femmes. Rivalités et jalousies sont fréquentes et chacun est prêt à dénoncer celui qui enfreint la règle. Mais hormis ces contraintes, les courtisans sont souvent conviés à de nombreux divertissements. Chasses, jeux et spectacles sont en effet organisés pour et par le roi, très attaché aux amusements et au rayonnement culturel.

LOUIS XIV ET LA PROMOTION CULTURELLE

Le Roi et les lettres
•

Les gratifications aux « gens de lettres »
Dès 1664, Louis XIV met au point un régime de pensions et gratifications aux « gens de lettres ». Jean Chapelain est chargé chaque année d'établir la liste des bénéficiaires. Ceux-ci se doivent alors de composer en échange quelques odes flatteuses ou épîtres dédicatoires destinées au roi ou à son ministre Colbert, mais ne ressentent pas ce système de rétribution comme un asservissement. Les gratifications restent souvent fixes, ce qui n'est pas le cas pour Racine qui en 1665 est pensionné pour 600 livres et en 1669 pour 1 200. Membre de l'Académie en 1673, puis historiographe du roi en 1677, il touche alors 1 500 livres et lorsqu'il deviendra gentilhomme ordinaire de la chambre du roi en 1679, il recevra une pension de 2 000 livres.

Le goût du théâtre
Depuis Richelieu, les lettres sont désormais une occupation noble et la comédie est devenue un divertissement honnête. Le roi apprécie particulièrement le théâtre et la plupart des fêtes de Versailles sont rythmées par des tragédies, des comédies ou des pastorales. Les courtisans fréquentent volontiers les salles parisiennes et il arrive même au roi de s'y rendre, au début de son règne. On commente ensuite les pièces, prenant parti pour ou contre un auteur.

Le théâtre et la cour
– *Les comédiens à la cour* : Lors des représentations à la cour, les comédiens se déplacent, à Versailles, aux Tuileries, à Fontainebleau ou à Saint-Germain. Les spectacles ont surtout lieu l'hiver, la belle saison étant réservée aux promenades. Ce sont les premiers gentilshommes de la Chambre qui décident du choix des pièces et des comédiens. Le déplacement de la troupe est rémunéré, on lui fournit le logement, la nourriture et les bougies pour l'éclairage du spectacle.

– *L'importance du jugement de la cour* : Molière affirme la sûreté du goût des courtisans. C'est à travers le jugement que la cour émettra sur une pièce que celle-ci parviendra ou non à la notoriété. De fait, tout auteur nourrit l'espoir de produire son œuvre devant le roi et son entourage, et pour cela, il doit se faire remarquer. C'est ainsi que Racine dédie *La Thébaïde*, en 1663, à Saint-Aignan, alors très influent. Il s'introduit ensuite dans le cercle de la duchesse d'Orléans à laquelle il dédie *Andromaque*. Quant à Molière, il parvient à faire établir sa troupe à Paris après son succès auprès du roi. La cour, peut-être plus que Paris, est sensible aux divertissements, aux décors, à la musique, à la danse. D'ailleurs, les moyens ne sont pas les mêmes et il n'est pas toujours facile de représenter sur les scènes parisiennes danses et intermèdes chantés.

LES DIVERTISSEMENTS À LA COUR

Dans la première moitié de son règne, Louis XIV alterne travail et divertissements. Il offre en effet à la cour une multitude de spectacles et accepte difficilement qu'un autre grand lui fasse concurrence, comme ce fut le cas pendant un temps de Monsieur, son frère, ou encore de Fouquet.

Les fêtes de Vaux
Le 17 août 1661, Nicolas Fouquet, surintendant des Finances, qui eut parfois tendance à confondre porte-monnaie personnel et argent de l'État, est suffisamment riche pour offrir une somptueuse fête dans son château de Vaux-le-Vicomte, avec lequel aucune demeure royale ne peut alors rivaliser. Louis XIV est convié et assiste aux réjouissances mais, piqué par le faste du château et la splendeur de la fête, il œuvrera tout de suite à la disgrâce de Fouquet – jeté en prison – s'érigeant dès lors en unique dispensateur des divertissements.

« Les Plaisirs de l'île enchantée »
En 1664, Louis XIV organise sur quelques journées un vaste divertissement : *Les Plaisirs de l'île enchantée*. Plus de six cents courtisans sont conviés. De nombreux artistes contribuent aux préparatifs : Molière, Lully, Bensérade. L'enchantement sera tel qu'il fera oublier les splendeurs de la fête de Vaux.

« Le Grand Divertissement royal »
En 1668, est organisé *Le Grand Divertissement royal* en l'honneur de la nouvelle maîtresse du Roi Soleil, Mme de Montespan. Toujours à Versailles, ces festivités se veulent un réconfort pour le roi et les courtisans qui reviennent de la campagne de Franche-Comté. La paix d'Aix-la-Chapelle fournit alors le prétexte à ce divertissement grandiose qui est ouvert au public.
Outre ces immenses fêtes, le roi offre à la cour, dès que possible, des représentations théâtrales, des feux d'artifice, des bals, des ballets ou des dîners dans les bosquets du parc de Versailles.

Familier de la cour, puis proche du roi, Racine a su se plier aux contraintes de l'étiquette, courber l'échine, rédiger des odes flatteuses et par ce biais, aidé par un talent incontesté, faire rejaillir la gloire sur l'ensemble de son œuvre en épousant et en guidant les mœurs et goûts de son temps.

Au même titre que *Britannicus* (1669) et *Mithridate* (1673), *Bérénice* s'inscrit dans la trilogie des pièces romaines de Racine. Le sujet de chacune de ces pièces est emprunté à l'histoire romaine qui, depuis le début du siècle, n'a eu de cesse d'inspirer les auteurs dramatiques, à commencer par Corneille. Si l'arrière-plan historique est dans *Bérénice* indéniablement présent – ne serait-ce qu'en raison de la seule présence de l'empereur Titus – la pièce n'en est pas pour autant une œuvre à proprement parler historique. Racine y adapte en effet librement les données événementielles qu'il a pu répertorier sur le propos : il convient de ne pas oublier que l'auteur écrit avant tout pour ses contemporains et tend, de ce fait, à donner de Rome une vision en accord avec l'image qu'en propose la littérature du XVIIe, autrement dit se rapprochant du mythe.

L'ARRIÈRE-PLAN HISTORIQUE :
L'ASSISE RÉALISTE DE L'ŒUVRE

Qu'elle soit simplement suggérée par des allusions et même par le décor, ou que les personnages y fassent directement référence, la présence du monde romain constitue la toile de fond de la trame de *Bérénice*, sur laquelle viennent se greffer les éléments propres à l'intrigue.

Le poids du passé
●

La tragédie débute huit jours après la mort de Vespasien (v. 55), la pièce se déroule donc en 79, au moment où Titus devient empereur à la place de son père. On s'attendrait donc à ce que les références temporelles restent ancrées dans le présent des personnages. Mais ceux-ci s'avèrent hantés par le passé, proche ou éloigné, personnel ou historique. Les rappels de l'histoire ponctuent en effet leur discours.

Le recours aux exemples historiques
Ainsi, à plusieurs reprises, est évoquée la cruauté de Néron, personnage repoussoir, comme exemple de conduite à ne pas suivre (v. 397, v. 1213) ou de débauche (v. 506). De même, l'amour de Jules César et de Marc Antoine pour Cléopâtre sert à Paulin de référence dans son argumentation contre le mariage d'un empereur avec une reine (v. 387-390). D'autres exemples sont allégués qui, quoique moins notoires et se rapportant à une période plus lointaine, servent eux aussi de références. Le cas d'Antonius Félix est ainsi évoqué (v. 404-406) : il s'agit du frère de l'affranchi Pallas qui, dit-on, épousa deux sœurs de Bérénice. De même, les conduites « exemplaires » des héros romains Regulus (v. 1162), Torquatus et Brutus (v. 1164-1165) appuient l'argumentation de Titus qui défend la cause du sacrifice de soi pour le bien de Rome. Dès lors, l'événement historique, constamment présent dans la mémoire et dans les propos des personnages, acquiert dans *Bérénice* une fonction avant tout rhétorique.

La haine ancestrale des rois

Mais bien plus qu'un appui du discours argumentatif, la référence à la haine des Romains pour la royauté est au cœur du conflit de la pièce. Ce parti pris constitue en effet un obstacle rédhibitoire au mariage de Titus, empereur romain, et de Bérénice, reine étrangère. Paulin rappelle (v. 377-378) l'interdit qui pèse sur Titus. Rappelons qu'avant la République, Rome a été dirigée par des rois jusqu'au VIᵉ siècle av. J.-C. Tarquin le Superbe, dernier tyran au pouvoir, franchit des limites au point de provoquer un soulèvement du peuple qui aboutit à son renversement et à son exil. En 509, Rome mit en place une constitution républicaine, répartissant le pouvoir entre les deux consuls élus. Il resta, après ces événements, aux Romains « une haine puissante » (v. 383) pour la monarchie, comme le rappelle Paulin (v. 377-386). Les propos du conseiller redoublent ceux de Phénice (v. 295-296). Titus lui-même y revient (v. 723-726), se souvenant, au v. 1015, que « [...] la haine des rois, avec le lait sucée, / Par crainte ou par amour ne peut être effacée ». Ces nombreuses références, rapportées par divers personnages, témoignent de l'importance du fait et laissent ainsi présager dès la fin de l'acte I (v. 295-296) l'issue fatale de la liaison d'une reine et d'un empereur.

Si le passé lointain hante les protagonistes•, les allusions à des événements historiques plus proches du présent de l'action n'en sont pas moins présentes. Elles constituent en effet un passage obligé dans la présentation de personnages historiques qui revivent ici sous la plume de Racine.

Les références historiques contemporaines
•

Les événements marquants du règne de Titus

– La bonté de l'empereur

Titus n'a régné que deux ans et l'événement marquant de son règne, somme toute assez paisible (et qui laisse, peut-être à cause de sa brièveté, un souvenir plutôt positif) est l'éruption du Vésuve et la destruction des villes de Pompéi et d'Herculanum. Aucune allusion n'y renvoie dans l'œuvre de Racine, mais l'auteur rappelle, dans la bouche de Titus, la prodigalité dont l'empereur a fait preuve : « J'entrepris le bonheur de mille malheureux ; / On vit de toutes parts mes bontés se répandre » (v. 514-515). Bien sûr, Racine ici ne mentionne pas directement la catastrophe volcanique, mais il rappelle de manière générale l'attitude de l'empereur, qui envoya alors vers Pompéi des secours et des vivres pour les rescapés. Le « divin Titus », selon l'expression de Suétone, fut pendant son règne surnommé « les délices du genre humain », comme y fait allusion Racine au vers 1488.

– Sa jeunesse

Titus est élevé à la cour avec Britannicus où il reçoit une éducation complète. De cette période durant laquelle, selon Suétone, Titus avait des penchants libertins, il n'est guère fait d'allusion, hormis aux vers 506-508. Quant à la conversion de l'empereur, Racine l'attribue à l'influence de Bérénice : « Je lui dois tout, Paulin » (v. 519). Ce rappel permet à l'auteur d'accroître la générosité de la reine et par là, la cruauté de leur rupture.

– La conquête de la Judée

La carrière militaire de Titus a commencé bien avant qu'il n'accède au pouvoir, aux côtés de son père Vespasien et reste marquée dans l'histoire romaine par la conquête de la Judée, guerre à l'origine de la rencontre de Bérénice, dont il est fait mention au début de la tragédie.

Les événements historiques

La Judée est annexée à l'empire en 6 ap. J.-C., et rattachée à la Syrie. La plupart des événements relatifs à cette période sont rapportés par l'historien Flavius Josèphe dans son ouvrage *La Guerre des Juifs*. Seul peuple de l'empire étranger à l'idéologie du culte impérial, le peuple juif, monothéiste, parvient à conserver certains privilèges car sa religion est reconnue légale à Rome. Mais des révoltes naissent, puis s'accroissent pour aboutir à une guerre ouverte avec Rome, après le soulèvement de Jérusalem. Alors, en 66, Vespasien est appelé pour faire face à la révolte. Titus l'accompagne puis reste seul dans « la rebelle Judée » (v. 104), après le départ de son père pour l'Égypte. Il assiège Jérusalem pendant cinq mois. L'événement est rapporté dans l'œuvre aux vers 229-232, où Racine présente Titus comme un héros. La ville est pillée et brûlée par les Romains. Les conséquences de cette guerre sont considérables, la Judée est en ruine, sa population fortement diminuée. Mais cette conquête passe pour un triomphe, qui se trouve d'ailleurs célébré sur l'Arc de Titus, au Forum romain.

Le rôle de ces rappels

Le rappel des combats permet à l'auteur de camper ses personnages en les présentant dès l'abord sous l'angle de l'héroïsme. Antiochus apparaît ainsi dans l'acte I comme un guerrier valeureux combattant aux côtés de Titus (v. 105-116) à travers le récit d'un épisode de « la guerre juive ». La référence à l'histoire prend donc ici une valeur essentiellement informative, renseignant le spectateur, moins sur l'événement en lui-même que sur les présupposés psychologiques qu'il donne à entendre.

Sans pour autant détourner le fait historique, Racine l'adapte librement au service de son œuvre, occultant certains événements, insistant sur d'autres.

INFIDÉLITÉS DE RACINE ET LIBERTÉ D'ADAPTATION

Racine s'est surtout inspiré de Suétone, il cite d'ailleurs ses sources dans la préface de l'œuvre. Mais pour l'auteur, s'inspirer n'est pas synonyme de copier car l'intérêt dramatique et le souci de vraisemblance l'emportent largement sur le réalisme fidèle.

L'empreinte de Suétone
•

Des allusions discrètes aux *Vies des douze Césars*

Si Racine reprend le terme même de l'historien latin « délices » (v. 1488) au sujet de Titus, les allusions à ses sources ne sont pas toujours aussi explicites. Ainsi, le spectateur entend Titus avouer : « J'ai même souhaité la place de mon père » (v. 431), fait que rapporte Suétone dans son ouvrage. Plus loin, lorsque l'empereur s'exclame : « Et de ce peu de jours si longtemps attendus, / Ah, malheureux ! combien j'en ai déjà perdus ! » (v. 1037-1038), Racine cite indirectement une anecdote rapportée dans la *Vie de Titus*, selon laquelle l'empereur aurait affirmé, se souvenant « n'avoir fait aucun heureux dans la journée » : « Mes amis, j'ai perdu ce jour ».

Un emprunt explicite et significatif

Dans sa *Préface* toutefois, Racine reproduit et traduit une phrase tirée de Suétone : « Titus, qui aimait passionnément Bérénice, et qui même, à ce qu'on croyait, lui avait promis de l'épouser, la renvoya de Rome, malgré lui et malgré elle, dès les premiers jours de son empire ». La citation est en réalité plus une adaptation qu'un véritable emprunt car Racine non seulement l'a traduite avec approximation mais surtout a raccordé en une seule phrase deux passages bien distincts chez Suétone.

La touche personnelle de Racine
•

L'auteur apporte à l'histoire une note personnelle, en accroissant l'importance de Bérénice et Antiochus. Ce dernier, dans la tragédie, passe pour un valeureux guerrier régnant sur la Comagène. Pourtant les choses sont bien différentes dans la réalité puisque Vespasien avait pris la Comagène au frère d'Antiochus pour la réduire en province. De plus, on ne trouve nulle part la mention de l'amitié de Titus pour Antiochus, ni de la présence de ce dernier à Rome à la mort de Vespasien. Il est toutefois vrai qu'Antiochus a combattu aux côtés des Romains lors du siège de Jérusalem, mais là encore, rien ne prouve qu'il ait réellement pu en déterminer la victoire. Quant à Bérénice, elle avait onze ans de plus que Titus, et avait déjà été mariée trois fois avant leur rencontre. Mais ni Vespasien, qui l'avait rencontrée, ni son fils n'ont songé à lui constituer un vaste royaume, comme le suggère Racine dans son œuvre.

Ces libertés prises avec l'Histoire ne contreviennent pourtant pas aux lois du genre. L'objectif de Racine est, en effet en premier lieu, d'adapter l'histoire aux nécessités de son théâtre, de la rendre vraisemblable au détriment parfois de la fidélité historique.

Une adaptation à l'époque
•

La justification des anachronismes

Les anachronismes, au sens propre du terme, sont rares, et existent surtout sur le plan terminologique. Ainsi l'auteur utilise-t-il les termes de « cour » et de « palais » à plusieurs reprises. L'entourage de l'empereur était relativement réduit, il n'avait autour de lui que ses proches, sa famille, ses serviteurs et ses conseillers. Le terme de « cour » est inadapté, mais si Racine l'emploie, c'est qu'il trouve écho auprès du public du XVIIe siècle. De même, Titus ne logeait pas dans un « palais », mais vivait, après l'incendie de Rome de 64, dans des bâtisses en cours de restauration, et momentanément dans la Maison Dorée de Néron. Comme il convient pour Racine de rehausser l'image de Titus au rang de la vision qu'ont ses contemporains d'un empereur romain, ces écarts terminologiques se trouvent alors pleinement justifiés. En dotant Titus d'une cour et d'un palais, l'auteur lui accorde ainsi les attributs incontestables du pouvoir.

De même, occulter l'âge de Bérénice et ne pas mentionner ses précédents mariages confèrent à la reine une image plus vraisemblable. Quant au poids que donne Racine au personnage d'Antiochus, il lui permet d'insérer dans la trame un troisième personnage, à la fois double et antithèse de Titus.

Une présentation mythifiée de l'histoire

L'histoire romaine fonctionne dès lors à l'instar du mythe, libre de toute interprétation. Racine ne montre pas l'univers romain tel qu'il fut, mais tel qu'il est aux yeux de ses contemporains. C'est ce qui explique les allusions à des faits pour le moins notoires comme la cruauté de Néron, l'amour de Jules César et d'Antoine pour Cléopâtre. Racine a recours au type, au fait marquant, porteur de force évocatoire comme en témoignent les récits des combats ou celui de l'apothéose de Vespasien. Ces images ont le pouvoir de frapper les esprits en accentuant la vraisemblance de la situation donnée à voir. Il s'agit de suggérer plus que de montrer, et, comme dans le mythe, le monde extérieur n'est qu'évoqué. La tragédie se déroule dans un lieu fermé, les allusions au monde romain se font, soit à travers les décors (v. 1320-1326), soit grâce aux propos d'Arsace ou de Paulin qui se font, dans la pièce les chroniqueurs du monde extérieur. Et loin d'en effacer l'importance, l'allusion à l'univers romain l'accentue bien plus que s'il était montré sur scène.

Même si la cour de Louis XIV, qui en 1670, n'était pas encore installée à Versailles, n'entretient que peu de rapports avec la « cour » de Titus, l'entourage du prince est, dans *Bérénice*, évoqué de sorte à trouver écho auprès du public. Titus n'est pas Louis XIV, mais il pourrait lui ressembler ; il est alors décrit pour ses bienfaits et montré pour sa dignité. L'Histoire, revue par Racine, est respectée dans ses grandes lignes mais modifiée dans le détail afin de « plaire et de toucher » davantage le public de la fin du Grand Siècle, finalité de l'œuvre dramatique.

L'appartenance à l'esthétique classique de *Bérénice*, comme de toutes les pièces de Racine, est indéniable. Mais si le classicisme se définit par un ensemble de traits convergents propres à beaucoup d'œuvres de la fin du XVIIe siècle, il convient pourtant de faire la part des choses en accordant à *Bérénice* sa spécificité. Aux yeux de l'abbé de Villars, la tragédie de Racine n'est qu' « *un tissu sanglant de madrigaux et d'élégies* ». La part réservée au discours élégiaque* est, il est vrai, importante ; *Bérénice* fut en effet perçue comme « *une tragédie de larmes* » par ses contemporains et la tonalité lyrique* qui affleure dans le texte a une bonne part dans ce jugement. Pourtant, l'aspect sentimental est largement doublé d'une dimension intellectuelle. Titus ne fait pas qu'exprimer des plaintes, il se livre à une introspection lui permettant de se conforter dans son choix. L'éloquence du discours de l'empereur, reflet d'une écriture rhétorique, ainsi que le constant respect des règles de la tragédie suggèrent, entre autres, le classicisme d'une œuvre qui obéit à des critères formels. Mais la rhétorique pure, dans *Bérénice*, est contrebalancée par la tonalité élégiaque de la pièce de sorte que, située en un juste milieu, l'œuvre rejoint l'esthétique du sublime à travers une quête constante de l'équilibre formel parfait.

UN CLASSICISME PATENT

Grâce au respect des règles dramaturgiques et à la maîtrise du langage qui transparaît dans l'art oratoire, *Bérénice* ressortit de plein droit, selon ce seul point de vue, à l'ensemble des œuvres dramatiques classiques, rejoignant ainsi bon nombre de tragédies de Corneille.

Fidélité de Racine au théâtre régulier
•

Bérénice respecte en tous points les contraintes du genre instituées par les théoriciens du XVIIe, répondant de ce fait aux exigences de la dramaturgie classique.

Le respect des trois unités
– *L'unité d'action.* L'action principale de la pièce se caractérise par son unité (Titus doit annoncer à Bérénice qu'il s'en sépare, l'intrigue secondaire filée par le personnage d'Antiochus s'y rattache directement) et sa simplicité, que recherchait l'auteur, ainsi qu'il le précise dans sa *Préface* (la séparation nécessaire de deux amants).
– *L'unité de temps.* Maintes précisions dans l'œuvre viennent rappeler au spectateur que la durée de la pièce n'excède pas vingt-quatre heures.
– *L'unité de lieu.* La pièce se déroule intégralement dans le palais de Titus.
Respecter ces trois unités permet de répondre aux exigences du vraisemblable, imposées dans le but de laisser croire au spectateur que la frontière entre leur réalité et la fiction du théâtre est susceptible de s'effacer en l'espace de quelques heures. Le public peut ainsi avoir le sentiment qu'une action « réelle » se déroule devant lui.

Le respect des bienséances
Le caractère violent des combats est à peine suggéré lors de récits permettant aux spectateurs de ne pas assister à une lutte qui pourrait les heurter. Aucun personnage ne meurt dans la pièce, mais on ne voit pas non plus Bérénice sur le point de mettre fin à ses jours ; son désir de suicide est d'ailleurs annoncé par le biais d'une lettre. Les propos amoureux restent sobres et l'érotisme est à peine suggéré à travers une allusion aux « *cheveux épars* » de la reine.
La pièce répond donc bien aux contraintes du genre dramatique, épousant ainsi un des critères de l'esthétique classique.

Classicisme de l'art oratoire
•

Dans *Bérénice*, le discours rhétorique est placé, non par hasard, dans la bouche des personnages romains. C'est en effet dans les propos de Titus ou de Paulin que le travail rhétorique se fait le plus évident. Titus doit choisir, Paulin doit convaincre ; et l'art cicéronien se met alors à leur service, ce qui ne va pas sans rappeler certains monologues de Corneille. L'art oratoire témoigne, notamment chez Titus, d'une certaine maîtrise de soi que réclame la fonction impériale qu'il occupe. L'éloquence, dans l'œuvre, se manifeste à travers quatre domaines :

L'art de la formule
À l'instar de Corneille, réputé pour ses vers formules, Racine ponctue le discours de ses personnages de vers faisant office de vérités générales ou de maximes*. Ainsi Arsace reconnaît-il justement que : « *L'inimitié succède à l'amitié trahie* » (v. 91), Bérénice déclare : « *Ah ! Titus ! car enfin l'amour fuit la contrainte* » (v. 571) ou plus loin : « *Si Titus est jaloux, Titus est amoureux* » (v. 664), Titus tente de se convaincre que : « *C'est peu d'être constant, il faut être barbare* » (v. 992). Il condense en quelques formules sa situation : « *Pourquoi suis-je empereur ? Pourquoi suis-je amoureux ?* » (v. 1226), « *Mais il ne s'agit plus de vivre, il faut régner* » (v. 1102), « *Ma gloire inexorable à toute heure me suit* » (v. 1394). Ces vers, dans leur extrême concision, dramatisent en la résumant la situation tragique des personnages. Par leur sobriété et leur équilibre formel (parallélismes : v. 1226, v. 992, antithèse : v. 91, régularité prosodique), ils contribuent à la dimension oratoire du discours.

La recherche de l'équilibre
Le **rythme binaire** de l'alexandrin césuré 6//6 caractérise la mesure juste et l'équilibre que recherche Racine. Ce balancement se retrouve dans les propos de l'empereur, par le parallélisme de construction des hémistiches* du vers : « *Maître de mon destin, libre de mes soupirs* » (v. 457), « *Étrangère dans Rome, inconnue à la cour* » (v. 534), (v. 721, v. 1030, v. 1060, v. 1362, v. 1381, v. 1410, etc.). Le rythme binaire suggère une certaine maîtrise de soi et reflète le caractère intellectuel plutôt qu'affectif d'un discours analysant une situation : « *Mes craintes, mes combats, vos larmes, vos reproches* » (v. 1368).

De même, les **figures d'oppositions** comme l'oxymore* et l'antithèse structurent les propos des personnages en s'inscrivant dans l'écriture binaire : « *récompense cruelle* » (v. 519), « *heureux dans mes malheurs* » (v. 256). La rime contribue également aux oppositions : « *ardeur / froideur* » (v. 589-590), et si « *Bérénice* » rime avec « *impératrice* » dans l'acte I (v. 175-176), son nom rime ensuite avec « sacrifice » (v. 471) puis avec « injustice » (v. 1148 et v. 1187). Ajoutons enfin le chiasme* : « *De la crainte à l'espoir, de l'espoir à la rage* » (v. 1300), v. 1116-1117, v. 270.

La dramatisation du discours

L'emploi de figures de rhétorique permet une dramatisation du discours, de sorte que celui-ci rejoint par endroits l'éloquence des orateurs antiques.
C'est d'abord par le biais de l'**ampleur de la période** que se trouve mise au centre, donc en valeur, l'acmé de la phrase (son point culminant). Ainsi, des vers 1415 à 1422, la protase (première partie de la période) met en parallèle une succession d'anaphores* en « *si* » pour achever la période sur trois vers dans une apodose (dernière partie) procédant à une soigneuse gradation* jusqu'à la verbalisation par le verbe « *ensanglanter* », du suicide. Cette recherche de **gradation** n'est pas rare : « *Que de trouble, d'horreurs, de sang prêt à couler* » (v. 1474), elle assure elle aussi la mise en relief de l'élément final.
De même, les **procédés d'insistance** contribuent-ils eux aussi à la dramatisation du discours. La reprise par **anaphore*** d'un même terme en début de vers en accentue l'importance. Ainsi, le retour du mot « *Rome* » dans le monologue* de Titus (IV, 4) est-il d'autant plus significatif qu'il constitue l'une des alternatives du dilemme de l'empereur. Dans la scène 2 de l'acte II, la reprise de « *maintenant que* » (v. 441-442) accorde davantage de poids à la décision de Titus qui déclare, après cet effet de retard laissant en suspens la suite : « *Pour jamais je vais m'en séparer* » (v. 446). Les anaphores sont nombreuses dans le texte : v. 759-762, v. 1210-1212, v. 1415-1418, toutes rejoignent les procédés de l'art oratoire.

L'argumentation par l'exemple

Le recours à l'exemple fait office de référence, permettant ainsi d'illustrer, surtout si l'exemple est historique, la thèse défendue par le locuteur. Ce sont là encore les personnages romains qui y ont recours, Paulin, dans la scène 2 de l'acte I, Titus, dans la scène 1 de l'acte III ou dans la scène 5 de l'acte IV. (Voir l'étude consacrée à *L'histoire romaine*, p. 132.)
Les procédés de rhétorique abondent dans les longues tirades de l'empereur, et s'ils ne sont parfois pas absents dans la bouche de Bérénice (I, 5), le discours de la reine est davantage tourné vers l'élégie* qui, dans la pièce, vient atténuer la rigueur rhétorique.

LA TONALITÉ ÉLÉGIAQUE* DE L'ŒUVRE

Il n'est guère étonnant que l'éloquence soit du côté du représentant du pouvoir dans l'œuvre, Titus non seulement est empereur mais reste aussi le seul décisionnaire du sort des autres personnages. Bérénice, par sa féminité et son origine orientale, représente pour sa part le pôle sentimental de la pièce, même si, on le verra, les choses sont loin d'être aussi tranchées. Lyrisme* et élégie* touchent tour à tour chacun des trois protagonistes• d'une intrigue• chargée de pathétique.

La pathétique d'une tragédie de larmes
•

Le thème des pleurs

L'un des objectifs du tragédien est d'émouvoir le public qui, par compassion, sera plus à même de s'identifier aux héros. Thème dominant de la tragédie de Racine, les pleurs des personnages sont maintes fois évoqués comme autant de manifestations d'une affliction sincère. Intimement liées à la passion amoureuse, les larmes semblent le lot quotidien d'Antiochus : « *Toujours verser des pleurs qu'il faut que je dévore* » (v. 36), (v. 202, v. 212, v. 238). Si les pleurs sont l'expression de la douleur, ils sont aussi la preuve manifeste de l'amour, et Bérénice ne se sait véritablement aimée qu'à partir du moment où elle reconnaît : « *Je connais mon erreur, et vous m'aimez toujours. / Votre cœur s'est troublé, j'ai vu couler vos larmes* » (v. 1482-1483). Titus en effet n'échappe pas à la souffrance, comme il le rappelle dans sa tirade, des vers 1045 à 1061. Fortement chargé d'affectivité, son discours gravite autour du champ notionnel de la douleur et le terme « *pleurs* » y est répété cinq fois, associé à la rime avec « *douleurs* » (v. 1058). Enfin, la dernière scène de la pièce, par les sacrifices que les personnages énoncent est empreinte de l'émotion la plus forte et la plus noble du fait que tous trois, par un ultime effort, parviennent à dominer leurs larmes pour se séparer à jamais. Et c'est bien dans la pièce cette idée de « *pour jamais* » (v. 446) qui porte toute la charge pathétique*, comme en témoigne la récurrence des « *pour la dernière fois* » et « *c'en est fait* ».

Le champ notionnel de la mort

Fortement présent dans l'œuvre (voir l'*Index thématique* à ce propos, p. 150), le thème de la mort revient dans les paroles des personnages, comme une menace ou comme seule solution pour achever les peines. Atténué par l'expression le plus souvent métaphorique, il n'en contribue pas moins à servir le pathétique. L'émotion du spectateur est poussée à son plus haut point non seulement lorsqu'il assiste à la souffrance des personnages mais également lorsque celle-ci lui est rapportée : « *Ses yeux toujours tournés vers votre appartement / Semblent vous demander de moment en moment* » (v. 1233-1234). Bérénice n'est jamais aussi pathétique que lorsqu'Antiochus rapporte à Titus son désir d'en finir et son abattement profond (IV, 7).

L'expression hyperbolique de la douleur

« *L'excès de la douleur accable mes esprits* » (v. 1218), avoue Titus, « *Je n'y puis résister, ce spectacle me tue* » (v. 1235), reconnaît Antiochus, « *Tandis que dans les pleurs moi seule je me noie* » (v. 1316), affirme Bérénice. Chaque expression de la douleur porte dans la pièce le sceau du haut degré, à travers l'hyperbole* ou la répétition (reprise de « *pleurs* », IV, 5). L'adjectif « *cruel* » est répété à maintes reprises, suscitant ainsi la pitié du spectateur.

La douleur s'exprime donc parfois dans la violence mais est aussi bien souvent traduite comme un chant de désespoir, apparentant les plaintes des personnages à une expression plus lyrique*.

Le discours lyrique*
•

La beauté de l'œuvre tient à la tonalité lyrique qui s'en dégage. Mélancolie, regrets et tristesse se joignent à la musicalité du vers pour apparenter la pièce à l'élégie*. *Bérénice* conjugue en effet de concert trois chants de désespoir distincts qui ne résonneront à l'unisson qu'à l'issue de la tragédie. D'où l'importance de la première personne et des procédés musicaux.

Prépondérance des marques de la première personne

Première marque stylistique du lyrisme*, l'expression de soi, traduite par la récurrence prégnante de la première personne, semble une donnée fondamentale pour des personnages qui transcendent leur souffrance en l'exprimant. Ainsi, Antiochus ne peut-il contenir davantage l'aveu de ses sentiments pour la reine, de même qu'il ne parvient pas à oublier un passé qui continue à le bercer d'illusions. Il rappelle à la reine, ou plutôt se rappelle, avec nostalgie : « *Je demeurai longtemps errant dans Césarée / Lieux charmants où mon cœur vous avait adorée* » (v. 236-237). Ses paroles sont adoucies par les assonances* [ã] et les variations vocaliques [oe] / [e] et par le rythme lent de chacun des vers dû à la longueur des mots et à l'absence de rupture prosodique, traduisant ainsi la mélancolie du personnage. On retrouve ces mêmes procédés lorsque Titus évoque la douceur du passé : « *J'aimais, je soupirais, dans une paix profonde* : / *Un autre était chargé de l'empire du monde* » (v. 455-456), où la régularité du rythme et l'assonance en [ɛ] traduisent un équilibre qui désormais n'a plus cours. C'est enfin dans la tirade de Bérénice, II,4, qu'apparaît le mieux l'importance accordée à sa propre personne, comme le prouve l'anaphore* de « *moi* » aux vers 611, 613, 615.

La musicalité des vers

– *Les phénomènes d'échos* et de retours sonores abondent dans la poésie de Racine. On vient d'en voir quelques exemples. Les effets de sonorité s'associent souvent au rythme pour traduire l'émotion. Ainsi, dans le chant pathétique* que prononce Bérénice sur l'avenir des amants : « *Dans un mois, dans un an, comment souffrirons-nous, / Seigneur,* *que tant de mers me séparent de vous ? / Que le jour recommence et que le jour finisse, / Sans que jamais Titus puisse voir Bérénice, / Sans que de tout le jour je puisse voir Titus ? »* (v. 1113-1117), le temps semble se figer dans un mortel ennui. Les assonances* en [ã] y contribuent, conjuguées aux reprises : « *dans un mois, dans un an* », « *que le jour recommence et que le jour finisse* » qui allongent le rythme de la phrase, à la gradation* temporelle : « *un mois* », « *un an* », l'opposition : « *recommence* », « *finisse* », à l'expression du haut degré : « *jamais* », « *tant de mers* », « *tout le jour* » et enfin au chiasme* : « *Titus / Bérénice* » (v. 1116-1117) qui suggère un séparation irrémédiable.

– De plus, le *rythme ternaire* vient suggérer l'émotion des personnages par la valeur affective qu'il revêt (contrairement au binaire, associé au rationnel). Ainsi le vers 974 : « *Si ma foi, si mes pleurs, si mes gémissements* » traduit-il la douleur de Bérénice à travers son rythme, l'anaphore* à valeur d'insistance, la gradation* sémantique des trois termes et l'amplification du volume de chacun des mots. Titus reprend ce procédé au vers 1012 : « *Tant de pleurs, tant d'amour, tant de persévérance* ».

Les leitmotive de l'œuvre

Certains motifs récurrents résonnent dans l'œuvre comme autant de refrains. Les « *hélas* » tant reprochés à Racine rythment le chant mélancolique des amants, pour rappeler autant de fois que nécessaire leur impuissance face à leur destin. De même, certains champs lexicaux reviennent de façon significative, celui des larmes, nous l'avons vu, celui de la cruauté et enfin celui des flammes de l'amour.

Racine a parfaitement rendu dans sa *Préface* l'atmosphère de la pièce en évoquant la « *tristesse majestueuse* » qui l'habite. À mi-chemin entre la rigueur rhétorique et l'expansion lyrique*, *Bérénice* relève en fait d'une écriture classique propre à son auteur qui, malgré la violence des passions qui s'y déchaînent, a su rester dans une expression contenue de sorte que la tragédie s'inscrit dans la lignée des œuvres touchant au sublime.

L'ESTHÉTIQUE DU SUBLIME RACINIEN

Redécouvert au XVIIe puis traduit par Boileau, le *Traité du sublime* du pseudo Longin énonce des qualités d'écriture dans lesquelles se reconnaissent certains classiques. Le sublime, difficile à définir, s'attache à tout passage dont la lecture produit ce « *je ne sais quoi* », dont parlait Boileau, qui suscite en peu de mots chez le lecteur admiration et enthousiasme, sans pour autant que le texte abonde en figures de style. La simplicité et le naturel en sont ses principaux fondements. Et la beauté du texte racinien semble à bien des égards se rapprocher de cette notion de sublime qui échappe à toute définition formelle, ne serait-ce qu'à travers l'art de la retenue et du naturel qui caractérise l'œuvre de Racine.

La recherche du naturel
•

« *Il n'y a que le vraisemblable qui touche dans la tragédie* » écrit Racine dans sa *Préface*. Et le meilleur moyen de l'atteindre, hormis le respect des règles, est de mettre sur scène des personnages à même de toucher le public par leur naturel. Il s'agit donc pour l'auteur, non plus de créer des types suscitant l'admiration, mais de copier la nature humaine.

Mimer la spontanéité
Si Titus, malgré ses larmes et ses souffrances, s'attache de plus en plus au cours de la pièce à sa fonction d'empereur, et tente par là de conserver une stature à la hauteur de son rang, Bérénice, elle, laisse libre cours à ses passions et Racine nous donne à voir un personnage spontané, qui laisse échapper sa colère, ainsi dans la scène 5 de l'acte IV, où le discours haché de la reine est émaillé de marques d'indignation (antéposition du pronom tonique : « *moi* », v. 1179 ; interjections : « *eh bien* », v. 1103, v. 1137, prédominance de la modalité interrogative, ébauche d'une rupture de communication, v. 1110). Ajoutons que la priorité de l'expression du naturel autorise le débordement du cadre du vers (v. 957-958) ou son éclatement, comme aux vers 1307-1308, où la déstructuration de l'alexandrin tend à prosaïser la poésie du vers par souci de vraisemblable. De même, les interruptions (v. 913, v. 907, v. 1110) comme les changements de cadence (II, 5) sont foison. Ces procédés convergent vers un même effet car tous font momentanément oublier la rigidité de l'alexandrin en donnant à entendre un discours mimant la spontanéité de la conversation.

Dépasser les cadres préconstruits
Le naturel du discours s'allie à la vraisemblance des caractères. Racine dépasse le cadre étriqué des types pour mettre en scène des personnages qui, bien qu'appartenant à l'histoire, approchent de la vérité humaine. Titus a beau être le « *maître de l'univers* », il n'en est pas moins homme, pourvu de faiblesses, dans ses hésitations, ses mutismes (II, 4), ses choix (IV, 7, 8). Bérénice elle aussi est brossée toute en nuances, dans son orgueil affiché, ses propositions de compromis, son aveuglement et ses revirements soudains.
Le sublime racinien tient donc à l'expression la plus simple et la plus fidèle à la nature des caractères, peints en nuances dans une demi-mesure qui trouve écho dans l'écriture grâce aux procédés d'atténuation qui caractérisent le style de l'auteur.

« L'effet de sourdine »
•

Léo Spitzer dans ses *Études de style* (Gallimard, 1970) consacre un chapitre à l'écriture de Racine dans lequel il étudie la particularité de l'écriture de l'auteur qui tient, en un mot, en un constant souci de modération dans l'expression. Spitzer montre que le lyrisme* ainsi que l'éloquence sont présents mais toujours contenus. Et s'il fallait examiner les composantes du sublime racinien, ce serait d'abord à travers les procédés d'atténuation, constitutifs de « *l'effet de sourdine* ».

L'art de l'évocation

Racine atténue constamment les contours trop bien dessinés que produiraient désignation et description exhaustive. Les scènes sont en effet suggérées plutôt que décrites, souvent grâce à l'hypotypose* dans les récits. Ainsi, le triomphe de Titus se trouve-t-il évoqué (I, 5) par le biais de la juxtaposition d'images visuelles : « *Ces flambeaux, ce bûcher, cette nuit enflammée, / Ces aigles, ces faisceaux, ce peuple, cette armée, / Cette foule de rois, ces consuls, ce sénat* » (v. 303-305). Le champ lexical* de la lumière y rejoint l'isotopie* de la splendeur, aux sens concret et abstrait, reflet de la gloire de l'empereur (v. 307). L'asyndète (absence de coordination) laisse libre cours à l'imagination. Les lieux, dans leur ensemble, sont également porteurs d'une connotation puisqu'ils renvoient à un imaginaire collectif chargé d'exotisme et de poésie pour le spectateur du XVIIe. L'Orient est maintes fois évoqué, mais par le biais de simples noms : l'Euphrate, la Judée, l'Arabie ou Césarée, qui, décrite avec l'Orient comme des « *lieux charmants* » (v. 236) conserve son mystère par le biais du pluriel et l'imprécision du terme générique « *lieux* ». Le siège de Jérusalem est lui-même évoqué par bribes : allusions aux « *remparts* » (v. 107, v. 232), au « *bélier* » (v. 108) ; ou par l'expression condensée de participiales : « *La Judée asservie, et ses remparts fumants* » (v. 493). De même, le décor est à peine suggéré : « *ces lieux* » (v. 1322), « *cet appartement* » (v. 1321), « *ces festons* » (v. 1324). Et Rome, en outre, n'apparaît que dans les propos de Paulin, à travers ses représentants : consuls, peuple, armée, ... car Racine suggère bien plus qu'il ne montre.

Les procédés d'atténuation du lyrisme

Si les sentiments, nous l'avons vu, s'expriment dans *Bérénice*, ils sont toutefois le lieu constant d'une atténuation, comme le remarque Spitzer. Et cela, par le biais de trois procédés fédérateurs.
– *La dépersonnalisation*. Les personnages semblent dans l'œuvre prendre leurs distances avec les sentiments qu'ils expriment. Des phénomènes de glissement, comme le passage de la première personne à la troisième personne sont fréquents : « *Nous séparer ? Qui ? Moi ? Titus de Bérénice !* » (v. 895), la désignation de soi non par l'être mais par la fonction (v. 1098) ou par la périphrase : « *le malheureux Titus* » (v. 1169). Antiochus préfère ainsi éviter le possessif trop direct et lui substitue un indéfini : « *je fuis des yeux distraits* » (v. 277), « *une aveugle douleur* » (v. 281), « *une mort que j'implore* » (v. 283). On notera enfin la valeur identique de l'emploi de l'indéfini « *on* » (v. 225).
– *Le glissement du singulier vers le pluriel*. Quant aux sentiments, ils ne sont pas envisagés dans leur individualité mais noyés souvent dans un pluriel collectif : « *amours* », « *fureurs* », « *alarmes* », « *transports* », « *soupirs* », « *mes tristes regards* » (v. 1325). Cette substitution permet d'affaiblir le contenu concret. De même, l'emploi de la première personne du pluriel délaie l'individualité du locuteur dans une expression atténuée car plus globalisante : « *rassurons-nous, mon cœur* » (v. 664).
– *L'expression métonymique**. De ces procédés de glissement relève la désignation par métonymie*. Son emploi permet d'atténuer un

lyrisme* qui sans elle semblerait trop direct. Antiochus emploie « *mon cœur* » pour désigner son amour (v. 193), ou se désigner lui-même (v. 208), comme Titus, qui préfère le général au particulier : « *Que ne fait point un cœur / Pour plaire à ce qu'il aime* » (v. 509). La souffrance est désignée par sa manifestation à travers « *pleurs* » ou « *larmes* ». Les sentiments sont aussi, par le biais de la métonymie, personnifiés : « *mon cœur* […] *s'oublie* » (v. 1135), « *mes yeux versent trop peu de larmes* » (v.1348) ou symbolisés par une expression concrète : « *mes fers* » (v. 1401) dit Titus pour parler de son attachement à la reine.

Le « refroidissement » de l'éloquence

Fonctionnant de concert avec l'atténuation du lyrisme*, le « *refroidissement* » de l'éloquence rhétorique, comme le nomme Spitzer, fait de *Bérénice* un exemple de l'art propre à Racine. Dans l'œuvre, la facture rhétorique n'est qu'ébauchée et reste en suspens car chaque envol se voit retenu par l'ajout d'un élément qui tranche par sa simplicité. Un soin particulier est en effet accordé à la fin des tirades. La scène 2 de l'acte II en témoigne, le discours de l'empereur s'y achève souvent sur une mention concrète, le ramenant à la réalité du présent : « *Et je vais lui parler pour la dernière fois* » (v. 490), « *Je connais mon devoir, c'est à moi de le suivre : / Je n'examine point si j'y pourrai survivre* » (v. 551-552). La simplicité de l'expression, loin de ruiner la beauté du texte, en renforce au contraire le pathétique, qui se veut contenu. Cette simplicité confine parfois au prosaïsme, rejoignant par là l'effet de naturel recherché. L'expression est alors réduite à l'essentiel : « *Que vous a dit Titus ?* » (v. 880) s'enquiert Bérénice, « *Prince, il faut avec vous qu'elle parte demain* » (v. 718) confie Titus à Antiochus. L'éloquence, telle que l'envisageait Corneille, se trouve dès lors atténuée, et Racine trouve ainsi le moyen de rendre plus humains ses personnages.

Le classicisme de Racine est donc le résultat d'une touche personnelle. En maintenant constamment l'équilibre entre deux tensions, présentes mais atténuées dans l'œuvre, le rhétorique et l'élégiaque*, l'auteur rejoint les fondements de l'esthétique du sublime. La tragédie atteint alors le plus pur classicisme. L'équilibre y est synonyme de pureté et d'harmonie, et les tensions psychologiques ne sont exaltées que pour être contenues dans une juste mesure. L'écriture de *Bérénice* s'inscrit dès lors, par ce biais, dans le courant de la modération aristotélicienne, tant prônée dans l'accession à l'honnêteté chère au Grand Siècle.

AMOUR
•

> « *Depuis cinq ans entiers chaque jour je la vois*
> *Et crois toujours la voir pour la première fois* »
> (v. 545-546)

• **Dans la pièce** : L'amour est traditionnellement un obstacle à la réalisation des vœux d'un personnage lorsque celui-ci n'est pas partagé. Ce qui n'est pas le cas dans *Bérénice*, où l'amour que se vouent les deux protagonistes est sincère et aussi fort chez l'un que chez l'autre. Loin d'être une donnée secondaire qui pourrait éventuellement agrémenter l'intrigue, l'amour, au contraire, est dans *Bérénice* le principal ressort de l'action. Sans l'amour, point de choix donc point de tragédie. Les liens autour de ce thème se tissent à deux niveaux, selon qu'il s'agit de la trame principale : Titus aime Bérénice qui le lui rend, ou de la trame secondaire : Antiochus aime Bérénice mais sans retour. La seconde est sans réel effet sur la première. L'héroïne donne son nom à l'œuvre parce qu'elle est l'objet du débat intérieur de Titus, mais c'est bien l'incertitude de l'empereur qui reste au centre de la pièce. L'amour en lui-même n'est pas sujet de conflit. Il le devient en revanche dès lors qu'il se pose en pendant à la contradiction maîtresse de l'œuvre, à savoir l'opposition qu'il entretient avec le politique. Titus se demande s'il va, s'il doit épouser Bérénice, non parce qu'il doute de leur amour mais parce qu'elle est reine. Au-delà de cette décision personnelle, Titus pose les termes du conflit entre intérêt privé, d'ordre sentimental, et devoir public. Ce débat trouve dans la pièce des partisans pour chacun des deux camps. On peut résumer ainsi leurs positions respectives : du côté de la « gloire », le pragmatique Paulin expose son point de vue, notamment dans les scènes I, 3 ; III, 3 et IV, 6. Seuls comptent à ses yeux ambition, ascension sociale et respect de la règle. Sentiments et sensibilité semblent lui être étrangers. À l'opposé de cette position tranchée se situe le personnage de Bérénice, pour qui l'épanouissement de l'homme est indissociable de la réalisation de ses sentiments et prioritaire sur l'opinion publique. Mais il ne s'agit pas non plus dans son esprit de devoir à tout prix sacrifier la gloire à l'amour car elle ne voit tout simplement aucune incompatibilité entre ces deux notions. Elle estime même qu'un compromis entre les deux devrait être réalisable pour Titus, sans qu'il entache sa carrière pour autant. Rien ne l'empêche à ses yeux de concilier empire et mariage avec une reine étrangère. Car Bérénice voit en Titus l'empereur des Romains, autrement dit « *le maître de l'univers* », duquel tout dépend, même les lois, fussent-elles tacites, comme c'est l'interdit d'épouser une reine pour un prince romain. Dès lors, sa position se heurte aux conceptions de Titus, et plus précisément à l'image qu'il a de lui-même. Affirmant en effet : « […] *je me souviens à peine / Si je suis empereur, ou si je suis Romain* » (v. 1381), Titus ne sait plus s'il doit se plier à la loi tacite ou la plier à ses exigences sentimentales. Il se trouve donc à mi-chemin entre la position de Paulin et celle de Bérénice. Et s'il finit par opter pour le renvoi de la reine, ce n'est pas seulement parce que la gloire l'aura finalement emporté sur l'amour. Car l'amour, ou plutôt aimer, est à ses yeux une condition vitale. De ce fait, Bérénice, même loin de lui, doit vivre afin qu'il continue de projeter son élan sentimental et qu'il poursuive la tâche politique qui lui incombe. L'amour lui est donc nécessaire mais c'est sa concrétisation par le mariage qui s'avère impossible. Il lui importe alors au premier chef de convaincre Bérénice de la force du sentiment qu'il lui voue. Et ce n'est en effet que lorsqu'elle en sera persuadée que la reine cessera de lutter, acceptant son départ en promettant de vivre. L'amour dans *Bérénice* se situe donc à la croisée d'intersections thématiques, indissociable des notions de devoir, de sacrifice et d'honneur.

• **Rapprochements** : L'amour malheureux malgré des sentiments réciproques est un thème récurrent dans la littérature depuis *Tristan et Iseult,* au point de s'ériger en *topos* littéraire puisqu'on le retrouve dans l'histoire de couples devenus presque mythiques comme *Roméo et Juliette*, héros de la pièce de Shakespeare. Les amants ne meurent pas toujours à la fin, mais leur union est impossible, comme dans *La Princesse de Clèves* de Mme de Lafayette, œuvre qui reflète, à l'instar du théâtre racinien (*Andromaque, Britannicus, Bajazet* et *Phèdre*), la vision pessimiste qu'a la fin du XVIIᵉ sur l'amour. Plus romanesques, les œuvres du XVIIIᵉ destinent souvent les amants à la mort, ainsi que dans l'œuvre de l'abbé Prévost, *Manon Lescaut* ou encore dans *La Nouvelle Héloïse* de Rousseau. Les romantiques du siècle suivant associent souvent l'amour à la souffrance et le destin des héros est alors funeste : Élénore meurt dans l'*Adolphe* de Benjamin Constant, de même que Clélia dans *La Chartreuse de Parme*. Et chez Balzac, Zola, Flaubert et Hugo, l'amour est également souvent malheureux. Le thème de l'amour passion est encore présent au XXᵉ, notamment à travers *Le Diable au corps* de R. Radiguet ou *Aurélien* d'Aragon.
Quant au conflit raison (souvent d'État) / passion, c'est, parmi les contemporains de Racine, Corneille, qui, dans son théâtre, a le plus illustré le thème. Mais l'on retrouve l'idée de sacrifice de ses sentiments aussi chez Mme de La Fayette, Rousseau, Lamartine ou Mauriac.

DESTIN
•

Pourquoi suis-je empereur ? Pourquoi suis-je amoureux ?
(v. 1226)

Voir « Fatalité ».

FATALITÉ
•

« *Qu'ai-je donc fait, grands dieux ? Quel cours infortuné*
À ma funeste vie aviez-vous destiné ? »
(v. 1297-1298)

• **Dans la pièce** : Traditionnellement, la fatalité est dans la tragédie l'obstacle principal de l'intrigue. Appelée aussi destin ou sort, la fatalité renvoie à une puissance d'essence divine qui vient contrarier les désirs des héros. Il s'agit donc d'un obstacle extérieur qui surgit dans la pièce pour frapper, parfois d'un arrêt de mort, tel ou tel personnage. Cette puissance des dieux rend alors dérisoire le pouvoir temporel des hommes de même que toute velléité d'action. Ainsi Achille, dans *Iphigénie* (1664), déclare-t-il : « *Les dieux sont de nos jours les maîtres souverains* » (v. 259). Le personnage tragique semble alors irrémédiablement soumis à un déterminisme qui le dépasse et ne peut faire naître en lui que colère et révolte vaine. Les tragédies raciniennes, même d'inspiration grecque, tendent toutefois à s'écarter de cette idée d'un destin inexorable contre lequel nul ne saurait lutter. Car l'auteur, à l'instar de ses contemporains, est chrétien et croit en l'homme. Les événements peuvent parfois dépendre du hasard mais ils sont souvent aussi le fruit de la volonté humaine. La fatalité, dès lors, est bien souvent un prétexte servant à masquer ses faiblesses. Les héros des tragédies de Racine inspirées de la mythologie grecque s'y réfèrent bien plus que ceux des pièces romaines, par un simple souci de vraisemblance. Dans *Bérénice*, en revanche, le sujet est d'ordre historique, on ne s'attend donc pas à ce qu'interviennent des forces surnaturelles. Pourtant certains obstacles exercent une influence sur la destinée des personnages. Tel est le rôle de la loi tacite des Romains : l'interdit d'une union matrimoniale avec une reine. Sa pression s'accentue au fil de la pièce au point d'obséder Titus. Mais, à la mort de Vespasien, « *Titus est le maître* » (v. 248) et a tout pouvoir : « [...] *il peut tout, il n'a plus qu'à parler* » (v. 298) et pourrait de ce fait transgresser l'interdit. Pourquoi alors ne pas céder à sa passion : « [...] *Qui l'ordonne ? Moi-même* » (v. 1000) reconnaît-il dans son introspection de l'acte IV. La fatalité n'est dès lors plus à l'œuvre dans cette tragédie où tout dépend expressément de la volonté de l'empereur, soumis à un véritable choix : céder à sa gloire ou céder à sa passion. De même, Antiochus, qui se prétend le jouet des dieux : « *Qu'ai-je donc fait, grands dieux ? Quel cours infortuné / À ma funeste vie aviez-vous destiné ?* » (v. 1297-1298), n'a-t-il pas accepté son sort de son plein gré en choisissant de suivre Bérénice à Rome, tout en connaissant son amour pour Titus ?

• **Rapprochements** : *Phèdre* et *Iphigénie* sont, parmi les œuvres de Racine, les tragédies dans lesquelles les personnages n'ont d'autres possibilités que la soumission à un destin inexorable. Cette vision pessimiste, caractéristique de l'époque, se retrouve chez Pascal et La Rochefoucauld, auteurs influencés par le jansénisme. C'est *Britannicus* qui se rapproche davantage de *Bérénice* car la cause du malheur n'y est pas d'origine divine, mais du ressort des personnages. De même, dans *Le Cid*, Rodrigue choisit de faire prévaloir sa gloire au péril de son amour.

FIDÉLITÉ
•

> « [...] *Tant de fidélité,*
> *Madame, mériterait plus de prospérité* » (285-286)

• **Dans la pièce :** Quoique d'acceptions divergentes, les notions de foi et de fidélité ont un étymon (terme originel) latin commun, encore sensible au XVIIᵉ. La *fides* latine est un engagement, donc un lien. Le thème de la fidélité dans *Bérénice* est indissociable des notions de devoir, gloire, promesse, respect de la règle et de la parole donnée. La fidélité acquiert de l'importance dans l'œuvre dans la mesure où elle est soupçonnée d'infraction à un engagement donné. L'honneur et la gloire sont alors mis en jeu. Les accusations d'infidélité ne sont pas rares. Ainsi Bérénice reproche-t-elle à Titus d'avoir engagé sa foi à la légère, l'autorisant à croire à un possible mariage (IV, 5). Si Titus ne lui a à aucun moment promis verbalement de l'épouser, son assiduité durant cinq ans tient lieu, aux yeux de Bérénice, d'engagement, donc de promesse tacite. Trompée dans ses espérances, elle accuse en quelque sorte Titus de trahison à son égard. De même, reprochant à Antiochus à la scène 4 de l'acte III de détourner pour son compte les paroles de l'empereur – car elle n'ose croire encore que celui-ci souhaite son départ – Bérénice jette l'opprobre sur le roi de Comagène. Elle l'insulte à demi-mots comme le suggère Antiochus qui n'achève pas sa phrase : « *Quoi ? vous pourriez ici me regardez....* » (v. 919). Elle accuse le roi d'infidélité tant à la parole de Titus qu'à l'amitié qui lie les deux hommes. La fidélité, manifestation d'un engagement, est donc synonyme d'honneur au point qu'il faille parfois, pour conserver entière sa dignité, lui sacrifier ses aspirations les plus profondes.

Antiochus en est la preuve la plus significative, puisqu'il servira, au détriment de ses propres sentiments, l'amour de Bérénice et de Titus. Il écoute la reine (I, 4), la console même et insiste sur la sincérité de l'attachement de l'empereur (v. 896-899). Enfin, il fait preuve de générosité, au sens classique, lorsqu'il s'engage dans la dernière scène à quitter Rome et à cesser son assiduité auprès de la reine, dès l'instant où il est convaincu que les amants vont se marier (v. 1443-1468). Par ailleurs, le concept de fidélité est dans l'œuvre susceptible d'une double interprétation, donc générateur de conflit. En effet, la fidélité ne vaut pour Bérénice qu'en tant que parole donnée à l'autre, alors que Titus rattache quant à lui la notion à sa fonction d'empereur, par laquelle il se doit d'être fidèle à ses prédécesseurs. À ses yeux, il s'est toujours montré fidèle à Bérénice parce qu'il continue à l'aimer, et c'est bien cela qu'il entend lui prouver dans les dernières scènes de la pièce (v. 1287, 1426-1429). Désormais conscient de son devoir, son engagement prioritaire n'est plus dirigé vers celle qu'il aime mais vers Rome et son histoire. Il n'a de cesse en effet de prendre à témoins les exemples historiques qui l'ont précédé. Cette argumentation par l'exemple est la preuve que sa gloire réside dans la continuation de la règle générale : aucun Romain n'a épousé une reine étrangère, il doit donc se montrer fidèle à la règle établie. Synonyme de gloire, au sens de l'image que l'on a de soi, la fidélité est donc au centre des conflits psychologiques qui déchirent chacun des trois personnages de *Bérénice*.

149

GLOIRE
•

« Ma gloire inexorable à toute heure me suit. »
(v. 1394)

Voir « Amour » et « Fidélité ».

IDENTITÉ
•

« Moi-même à tous moments je me souviens à peine
Si je suis empereur ou si je suis Romain. »
(v. 1380-1381)

Voir « Mort ».

MORT
•

« Mais il ne s'agit plus de vivre, il faut régner. »
(v. 1192)

• **Dans la pièce :** Même si elle est absente de la pièce puisque les personnages ne meurent pas, la mort reste dans *Bérénice* une menace croissante qui plane sur chacun des trois protagonistes qui l'invoquent tour à tour. Manifestation d'une souffrance extrême, la tentation du suicide frappe d'abord Bérénice (IV, 5 et V, 5) puis Titus (V, 6) et Antiochus, dans les deux derniers actes.
À peine la décision de Titus connue, Bérénice, sans pour autant parler encore de suicide, tient des propos au travers desquels affleure l'idée de mort : « *La force m'abandonne et le repos me tue* » (v. 956) ou : « *Si ma mort toute prête enfin ne le ramène* » (v. 976). Puis le souhait d'en finir se précise lorsque la reine sent ses efforts vains : « *Je vous crois digne, ingrat, de m'arracher la vie* » (v. 1176). Sa tirade (IV, 5) augmente, tout au long de son développement, la présence du champ notionnel de la mort (v. 1186, 1188-1189) au point de s'achever sur une image concrète par la verbalisation du désir de suicide : « *Mon sang, qu'en ce palais je veux même verser* » (v. 1193). Par un sursaut d'orgueil, la reine va pourtant abandonner son projet, mais Titus, qui l'ignore encore avant la scène 5 du dernier acte, est alors au comble de la souffrance et son discours porte l'empreinte de la mort, fût-elle encore métaphorique : « *[…] j'espérais de mourir à vos yeux, / Avant que d'en venir à ces cruels adieux* » (v. 1093-1094). Exprimant par là le regret que l'amour de la reine ne se soit pas éteint, Titus choisit un comparant à la métaphore qui inaugure la crainte, portant cette fois sur le présent, de perdre sinon la vie du moins la lucidité : « *Je sens bien que sans vous je ne pourrais plus vivre, / Que mon cœur de moi-même est prêt de s'éloigner* ». Il se projette ensuite dans un futur hypothétique menaçant : « *Vous verrez que Titus n'a pu, sans expirer...* » (v. 1125, et 1199, 1215) avant de douter de son existence même : « *Moi-même en ce moment sais-je si respire* » (v. 1240).
Antiochus lui aussi utilise, selon le même processus, d'abord un langage métaphorique, reflet de sa douleur : « *Je n'y puis résister, ce spectacle me tue* » (v. 1235), avant de s'exprimer au sens propre en

150

annonçant à Titus et à Bérénice une mort qu'il souhaite prochaine : « *Il faut d'autres efforts pour rompre tant de nœuds : / Ce n'est qu'en expirant que je puis les détruire* » (v. 1458-1459).

La menace de mort, inhérente à la tragédie, est, dans *Bérénice*, autant un souhait qu'un moyen de chantage, plus ou moins conscient d'ailleurs. S'il est vrai qu'aucun personnage ne mettra ses paroles à exécution, Bérénice et Titus subissent, en l'espace d'une journée, une sorte de mort métaphorique en changeant d'identité. Bérénice, en effet, au début de la pièce et jusqu'à l'acte IV, se définit comme une reine, future impératrice des Romains, parlant volontiers d'elle-même à la troisième personne (v. 175, 606, 895...), manière – rhétorique – de se mettre en scène en revêtant par l'artifice du langage l'habit du pouvoir. Puis, convaincue à la fin de l'acte V, non seulement que Titus l'aime, mais qu'il ne l'épousera pas, Bérénice ne s'exprime plus comme une reine mais comme une femme, reléguée au rang des autres et acceptant dignement l'exil auquel on la soumet. C'est pour Titus que le changement d'identité s'impose avec le plus d'évidence. Celui-ci passe en effet de l'image d'un héros presque chevaleresque, n'ayant d'autres soucis que la guerre et l'amour, à celle d'un empereur romain. La pièce retrace, dès lors, en quelque sorte, la prise de conscience de sa nouvelle identité. Titus en effet, pour accéder au rang de ses prédé-cesseurs, doit d'abord tuer en lui ce qui le rattache au commun des mortels, son amour pour une femme, d'où sa souffrance et ses pertes occasionnelles de lucidité. Il n'est réellement « *maître de [lui-même] comme de l'univers* » (Corneille) qu'une fois, comme Octave dans *Cinna*, la transition acceptée de l'homme à l'empereur, car désormais : « [...] *il ne s'agit plus de vivre, il faut régner* » (v. 1102).

• **Rapprochements** : La mort, thème majeur illustré à toutes les époques, se rattache à la religion et au thème de la destinée et de la condition humaine. Omniprésente dans *Andromaque*, où le personnage éponyme ne voit en son suicide que sa seule issue, elle est invoquée dans *Phèdre* comme dans la plupart des tragédies de tout le XVIIe siècle. *Cinna* peut être rapproché de *Bérénice* car la pièce de Corneille met en scène l'évolution psychologique d'Octave qui devient empereur sous le nom d'Auguste, tentant alors de rompre avec le passé.

OBSTACLE
•

« Je viens percer un cœur que j'adore, qui m'aime
Et pourquoi le percer ? Qui l'ordonne ? Moi-même »
(v. 999-1000)

Voir « Fatalité ».

REGARD
•

« Tous ces yeux qu'on voyait venir de toutes parts
Confondre sur lui seul leurs avides regards »
(v. 309-310)

• **Dans la pièce :** Le thème du regard est prépondérant dans le théâtre de Racine, comme l'a montré J. Starobinski (« Racine et la poétique du regard », *L'œil vivant*, Gallimard, 1961). Il joue un rôle essentiel dans *Bérénice* et se rattache aux thèmes de l'amour et de la politique. C'est d'abord par le biais du regard que les héros raciniens succombent au charme de l'autre, comme le rappelle Phèdre à Œnone, à propos d'Hippolyte : « *Je le vis, je rougis, je pâlis à sa vue ; / Un trouble s'éleva dans mon âme éperdue ; / Mes yeux ne voyaient plus, je ne pouvais parler* » (v. 273-275) ou Antiochus à Bérénice : « *Titus pour mon malheur, vint, vous vit, et vous plut* » (v. 194). Le moment du premier regard est toujours vécu de manière instantanée et intense, comme le suggèrent à la fois le rythme rapide, la brièveté des vers qui l'évoquent ainsi que l'utilisation du passé simple. Le regard est garant de l'amour, la présence de l'autre sous les yeux de l'amant est nécessaire à la survie du sentiment car voir l'autre renvoie toujours au premier regard échangé : « *Depuis cinq ans entiers, chaque jour je la vois, / Et crois toujours la voir pour la première fois.* » (v. 545-546). Antiochus est tombé amoureux de Bérénice en la voyant : « *Madame, il vous souvient que mon cœur en ces lieux / Reçut le premier trait qui partit de vos yeux* » (v. 189-190). Mais le regard de Bérénice, à l'image de son cœur, ne répond pas à ses attentes : « […] *Je fuis des yeux distraits, / Qui me voyant toujours, ne me voyaient jamais* » (v. 277-278). Pourtant, dans *Bérénice*, le regard peut aussi être un obstacle à l'amour. Ainsi, Titus et Bérénice, personnages de haut rang, sont-ils à la cour en constante représentation, en prise donc aux regards des autres : « *Rome vous voit, Madame, avec des yeux jaloux* » (v. 293). Le regard de Rome est d'ailleurs pour Titus présent au point de l'obséder : « *Rome observe aujourd'hui ma conduite nouvelle* » (v. 467). Et c'est finalement le regard des autres, autrement dit l'emprise de la gloire, qui l'emportera sur le regard de l'être aimé.

• **Rapprochements :** L'éblouissement amoureux passe traditionnellement par un premier regard. « Leurs yeux se rencontrèrent » écrit Flaubert dans *L'Éducation sentimentale* pour suggérer l'instantanéité de la première rencontre. Chez Racine, Flaubert ou Stendhal dans *La Chartreuse de Parme*, où Fabrice tombe amoureux de Clélia en l'observant de sa cellule, le regard a une place primordiale, toujours lié à l'amour. Mais Aurélien, en revanche, ne tombera pas amoureux de Bérénice dès leur première rencontre, dans le roman d'Aragon.

Sacrifice
•

« *Je l'aime, je le fuis, Titus m'aime, il me quitte* »
(v. 1500)

Voir « Amour ».

SOUVENIR
•

« Je demeurai longtemps errant dans Césarée,
Lieux charmants où mon cœur vous avait adorée. »
(v. 235-236)

Voir « Temps » et « Amour ».

TEMPS
•

« Tous mes moments ne sont qu'un éternel passage. »
(v. 1299)

• **Dans la pièce** : Lorsque débute la pièce, Titus, empereur depuis la mort de son père, huit jours auparavant, est déjà décidé à renvoyer Bérénice. La durée de la tragédie correspond au temps nécessaire pour annoncer à la reine son renvoi et le lui faire accepter. Pourtant, les multiples rappels du passé ainsi que les projections des personnages dans l'avenir tendent à faire oublier au spectateur la brièveté de l'action. Ainsi, dans *Bérénice*, trois époques viennent se conjuguer : avant la mort de Vespasien, le présent de l'action et après la mort de l'empereur.

Au cours des deux premiers actes, Antiochus et Bérénice se reportent constamment à leurs souvenirs. À cette période de cinq ans, antérieure à l'action, correspondent des événements que se remémorent les personnages : la passion d'Antiochus (v. 189-191), l'amour de Titus et de Bérénice (v. 194, v. 541-546) et, plus proche de l'action, la décision de Titus (v. 471-476) et l'apothéose de Vespasien. Évoquer le passé répond d'abord à des exigences dramatiques, puisqu'il s'agit au début d'une pièce d'informer le spectateur, mais suggère aussi que le passé sert de refuge aux personnages en proie au doute douloureux. Le passé était pour eux synonyme d'espoir : « *Mais toujours quelque espoir flattait mes déplaisirs* » (v. 245) reconnaît Antiochus. Titus affirme aussi : « *Je n'examinais rien, j'espérais l'impossible* » (v. 1092), comme Bérénice : « *Dans le temps que j'espère un bonheur immortel* » (v. 1082). Tous trois étaient donc, avant la mort de Vespasien, en quête d'un bonheur impossible et à la recherche de l'éternité des instants heureux (v. 589), comme en témoigne aussi l'importance du champ lexical* de l'éternité, présent notamment grâce aux termes « *toujours* » et « *sans cesse* ». Vivant hors du réel dans un temps qui leur est propre et dans l'oubli de la contingence (v. 456), Antiochus, Bérénice et Titus vivent alors la mort de Vespasien comme un choc, comme une rupture fatale. Le passé était pour Titus le temps de la liberté : « *Maître de mon destin, libre de mes soupirs* » (v. 457), le présent est en revanche un poids : « *De mon aimable erreur je fus désabusé / Je sentis le fardeau qui m'était imposé* » (v. 462). Placé sous le signe de la souffrance, le temps présent marque une irrémédiable rupture signifiée dans le discours par la récurrence significative de la notion de définitif. « *C'est le dernier jour* », « *pour la dernière fois* » ou « *c'en est fait* » ponctuent sans cesse les propos de

Bérénice, Titus et Antiochus (v. 59, 186, 414, 869, 1310, etc.). Dès lors l'unique échappatoire semble l'action et même l'action précipitée, d'où le sentiment d'urgence qui habite les personnages. Alors, on prépare les vaisseaux pour le départ en un temps record (v. 71-73), on décide de partir sur l'heure : « [...] *Vous voulez que je parte demain ; / Et moi, j'ai résolu de partir tout à l'heure* » (v. 1310-1311) ou bien on choisit d'en finir, tout semble bon pour échapper au présent. Quant au futur, il n'est guère plus réconfortant, une fois la décision de Titus connue. L'avenir est ressenti comme une douleur sans fin, sans cesse recommencée : « *Dans un mois, dans un an, comment souffrirons-nous, / Seigneur, que tant de mers me séparent de vous ? / Que le jour recommence et que le jour finisse, / Sans que jamais Titus puisse voir Bérénice, / Sans que de tout le jour je puisse voir Titus ?* » (v. 1113-1117). Alors, la seule consolation ne semble pas résider dans l'espérance de l'oubli mais plutôt dans la promesse que se font les personnages de s'aimer toujours, seul secours pour apaiser les peines.

• **Rapprochements** : Le thème du temps, souvent développé, est lié à sa fuite inexorable, contre laquelle nul ne saurait lutter. Illustré par les romantiques du XIXᵉ siècle – Baudelaire l'appelle d'ailleurs *L'Ennemi* – le passage du temps se trouvait déjà évoqué dans *Les Antiquités de Rome* de Du Bellay, ou, bien après, chez Apollinaire dans *Le Pont Mirabeau* et Paul Valéry dans *Le Cimetière marin*. L'évocation des souvenirs, rappelés par le biais du récit dans la tragédie, correspond au procédé de l'analepse, fréquemment employé dans le récit en général. Si certains auteurs sont en quête de souvenirs, qu'ils parviennent à retracer aisément, comme Colette ou Pagnol, d'autres le rappellent par bribes, comme Saint-John Perse dans *Éloges* ou Proust. D'autres encore préfèrent cultiver l'instant présent comme Gide, ou avant lui des auteurs proches d'une sensibilité épicurienne.

SYNTAXE NOMINALE

Genre et nombre des substantifs
• Emploi au pluriel de mots abstraits :
v. 73 : « *de moments en moments* », mais la forme au singulier existe (v. 1234).
• amour(s) : toujours féminin au pluriel (v. 150 : « *vos longues amours* »), le terme est indifféremment masculin ou féminin au singulier (v. 1191 : « [...] *tant d'amour n'en peut être effacée* » / v. 1503 : « *l'amour la plus tendre* »).

Particularités de forme et d'emploi des pronoms
1. Place des pronoms personnels
• antéposition en périphrase verbale : (v. 151 : « *je vous veux bien confier* » / v. 262 : « *se venir à mes yeux déclarer mon amant* »
• antéposé devant un infinitif négatif : (v. 867 : « *pour ne le point troubler* »)
• emploi personnel de l'indéfini on : (v. 225 : « *je vois que l'on m'écoute* », on = *vous*)
2. Les pronoms relatifs
• emploi de l'adverbe relatif *que* pour *où* (v. 615 : « *le jour que* » / v. 938, v. 343)
• emploi de *où* (+ antécédent abstrait) pour le relatif composé *lequel* (v. 880 : « [...] *des malheurs où vous n'osez penser* » / v. 787, v. 880, v. 938, v. 1099)
3. Les pronoms interrogatifs
• *que* substitut de *à quoi* : (v. 900 : « [...] *que lui sert de vous aimer encore ?* » / v. 1349)
• *qui* substitut de *qu'est-ce qui* : (v. 131 : « *Mais qui rend à vos yeux cet hymen si funeste ?* »)
• forme réduite de l'interrogatif *que* (employé pour *ce que*) : (v. 340 : « *[Rome] attend que deviendra* »)
4. Référent animé du pronom adverbial en :
(v. 290 : « *j'en dois perdre plutôt jusques au souvenir* »)

SYNTAXE VERBALE

Changement de construction des verbes
• emploi de la tournure unipersonnelle : (v. 188 : « *Il vous souvient* » / v. 555)
• changement d'auxiliaire :
– insistance sur l'opératif (l'action) avec *avoir* : (v. 476 : « *ma langue embarrassée* [...] *a demeuré glacée* »)
– insistance sur le résultatif avec *être* : (v. 330 : « *j'y suis couru* »)
• changement de régime prépositionnel :
– construction indirecte : (v. 212 : « *j'espérais de verser* » / v. 1093)

– changement de préposition (*de* pour *à*) : (v. 1497 : « *je ne consens pas de quitter* » / v. 1400 : « *je suis prêt* [...] *d'abandonner* », confusion *près de* / *prêt à*, mais on trouve v.1245 : « *prêt à s'égarer* »)

Les participes

• non identité de l'agent du participe et du sujet de la proposition, agent sous-entendu dans le déterminant possessif : (v. 239-240 : « [...] *succombant à ma mélancolie* / *Mon désespoir tourna mes pas vers l'Italie* » / v. 752-754 : « *gémissant* [...] *et plus exilé qu'elle,* / *Portant jusqu'au tourment* [...] / *Mon règne ne sera...* »)

• accord du participe présent avec son agent : (v. 1166 : « *Voit mourir ses deux fils, par son ordre expirants* »)

PARTICULARITÉS PONCTUELLES

Variations lexicales

• emploi d'un verbe simple pour un verbe construit en français moderne : *connaître* pour *reconnaître*, v. 463 ; *passer* pour *dépasser*, v. 538 et 1170.

• emploi de la conjonction *devant que* pour *avant que* : v. 1188 et *jusques à* pour *jusqu'à*, v. 25.

• emploi de l'adverbe *encor* en alternance avec *encore*, pour des raisons métriques.

• emploi de la conjonction de subordination alternative *soit que...* *ou que*, v. 1471.

Emplois particuliers de que

• adverbe interrogatif au sens de « pourquoi » : v. 830 : « *Que tardons-nous ?* » / v. 321, v. 1074, 1236.

• forme réduite de l'adverbe comparatif *que*, pour *d'autre que* ou *d'autre* [...] *que* : v.1318 : « *qu'ai-je fait que de trop vous aimer ?* » / v. 533, v. 686.

Latinismes

• accord du verbe avec le sujet le plus proche : v. 478, v. 572, v. 1052.

• sens étymologique : *nom* : renommée, *monuments* : souvenirs (v. 494), *entendre* : entendre dire (v. 507), *timide* : craintif (v. 581).

• passé composé à valeur de conditionnel passé : v. 259 : *je n'ai pas cru* pour « je n'aurais pas cru ».

• tour dit « Sicilia amissa » : v. 321 : *pour son empire heureux* = pour le bonheur de son empire. / v. 493 : *la Judée asservie* = la conquête de la Judée.

Voici les termes (notés par le signe [•] dans le texte) qui reviennent le plus fréquemment. Les numéros de vers, indiqués entre parenthèses, ne sont là qu'à titre d'exemples, parmi beaucoup d'autres occurrences.

admirer : s'étonner.

aimable : digne d'être aimé.

alarmes : craintes, manifestations (v. 1486).

amant(e) : qui aime et qui est aimé.

à peine : avec peine.

balancer : hésiter.

bruit : nouvelle.

cependant : pendant ce temps.

charme(s) : attraits.

charmant(e/s) : attrayant, envoûtant.

charmer : leurrer, tromper (v. 599).

connaître : reconnaître.

content : satisfait.

coup : action importante.

– encore un coup : encore une fois.

courroux : colère.

cruel : qui torture.

empire : pouvoir.

ennui : tourment, souffrance morale.

entendre : comprendre (v. 1245).

étonner : ébranler.

fatal : voulu par le destin.

flamme : passion amoureuse.

flatter : leurrer par de faux espoirs.

flatteur : trompeur.

foi : fidélité.

fortune : sort (v. 1284), situation voulue par le destin.

funeste : fatal, souvent mortel.

fureur : acharnement (au combat) (v. 218), folie v. 354), colère (v. 395, 964).

généreux : doué de sentiments nobles.

gloire : renommée, réputation (v. 688, 736), honneur, opinion que l'on a de soi (v. 392, 491), sens du devoir (v. 499).

hymen, hyménée : mariage.

injure : injustice.

nom : renommée.

pompe : grandeur, magnificence.

sans doute : sans aucun doute.

soin(s) : préoccupation (v. 17, 786), attentions (v. 604, 1280), efforts (v. 1462), sollicitude (v. 12).

succès : issue.

tout à l'heure : tout de suite.

transports : élans amoureux (v. 326, 1340), manifestations d'enthousiasme (v. 1271, 1373).

triste : digne de pitié (v. 197, 472), sombre (v. 633, 997, 1361, 1367).

vertu(s) : qualités morales (v. 269, 1007), courage (v. 1373).

LEXIQUE DES TERMES DE THÉÂTRE

aparté : réplique qu'adresse un personnage au spectateur.

coup de théâtre : événement inattendu et surprenant ayant une lourde incidence sur l'action principale.

catastrophe : incident dramatique qui provoque le dénouement, malheureux ou heureux, de la pièce.

confident : type de personnages permettant au(x) héros de s'exprimer.

dénouement : dernière étape de la structure narrative, dans la ou les dernière(s) scène(s) de la pièce où le nœud de l'intrigue se trouve résolu (de manière heureuse pour les comédies, funeste pour les tragédies).

didascalie : indication scénique sur le ton des répliques, le déplacement des acteurs, etc.

exposition : située au début de la pièce, débordant rarement le premier acte, elle présente au spectateur la situation des personnages et les circonstances de l'action principale.

intrigue : enchaînement des événements de la pièce.

monologue : tirade donnée au spectateur par un personnage alors seul en scène. Il est dit délibératif lorsqu'il expose les termes d'un choix.

nœud : moment de la pièce où surgit l'obstacle qui trouvera sa résolution dans le dénouement.

péripétie : surgissement d'un événement inattendu mais sans grandes conséquences pour l'action principale.

personnage : désigne à l'origine un masque de théâtre, et par extension toute personne jouant un rôle. Au XVIIe, on appelle « acteurs » les personnages d'une pièce.

protagoniste : personnage principal d'un récit ou d'une pièce de théâtre.

quiproquo : malentendu sur l'identité d'un personnage ou sur une situation.

réplique : bref discours de réponse à une parole précédente.

tirade : réplique d'un même personnage, particulièrement longue.

ton : discours visant à rendre un état affectif particulier (ton comique, sérieux, pathétique, etc.).

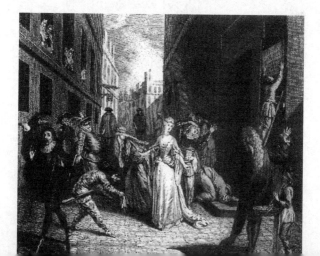

allitération : retour d'un même son consonantique à l'intérieur d'un vers ou d'un groupe de mots.

anacoluthe : rupture de construction et plus généralement, écart par rapport à la norme syntaxique.

anaphore : répétition d'un ou plusieurs mots en début de vers, de propositions ou de phrases.

assonance : retour dans un bref ensemble de termes d'un même son vocalique.

césure : coupe centrale du vers. L'alexandrin est souvent césuré à l'hémistiche : 6//6.

champ lexical : ensemble de termes, quelle que soit leur nature grammaticale, convergeant vers une même notion (p. ex. le champ lexical de la tristesse).

chiasme : répétition mais inversée de deux mêmes termes ou notions à l'intérieur d'un court extrait, selon le schéma : ABB'A.

diérèse : prononciation en deux syllabes d'un groupe de lettres dans un mot que l'on prononce ordinairement en une seule syllabe. (p. ex. : con-fi-an-ce).

élégie : à l'origine, petit poème plaintif ou mélancolique.

élégiaque (tonalité) : par extension, ton de la plainte dans l'écriture poétique.

enjambement : continuation d'un vers sur une partie ou la totalité du vers suivant.

épique (tonalité) : semblable ou relatif à l'épopée, long récit poétique retraçant les aventures et les combats d'un héros valeureux.

gradation : succession de termes d'intensité croissante.

harmonie imitative : assonances et allitérations qui visent à reproduire le sens évoqué par le son.

hémistiche : partie d'un vers séparé par une coupe.

hyperbole : procédé d'exagération.

hypotypose : récit vivant, au présent, qui semble mettre sous les yeux du lecteur la réalité qu'il décrit.

isotopie : proche de la notion de thème, une isotopie se construit dans un texte grâce à la convergence des champs sémantiques et lexicaux.

litote : atténuation d'une idée par une tournure moins directe, souvent grâce à la négation.

lyrisme : tonalité à travers laquelle s'expriment des sentiments personnels (amour, mélancolie, regrets, etc.) sur un mode poétique.

maxime : brève formule énonçant une vérité ou une règle de conduite.

métaphore : figure d'analogie sans outil de comparaison (comme), constituée du comparé (thème), parfois absent, et du comparant (propos). Quand la métaphore se poursuit sur plusieurs termes, on parle de *métaphore filée*.

métonymie : figure de substitution visant à employer le contenant pour le contenu, la cause pour la conséquence, le symbole pour ce qu'il désigne.

oxymore : succession de deux termes de sens opposé.

pathétique : tonalité visant à communiquer une émotion, tristesse ou pitié, au spectateur.

périphrase : désignation par une expression (souvent : nom + complément du nom) employée au lieu du terme propre.

rejet : report d'un terme, lié par le sens et la syntaxe au vers précédent, sur le vers suivant.

synecdoque : emploi d'un mot désignant une partie d'un être ou d'un objet à la place de l'être ou de l'objet. Contrairement à la métonymie, la synecdoque constitue une désignation propre.

synérèse : prononciation en une seule syllabe, contrairement à la diérèse.

tétramètre : type d'alexandrin divisé en quatre parties égales (3/3//3/3)

trimètre : alexandrin césuré 4/4/4 lorsqu'il est régulier.

ANNEXES

BIBLIOGRAPHIE

SUR LE THÉÂTRE DU XVIIᵉ SIÈCLE

Adam Antoine, *Histoire de la littérature française du XVIIᵉ siècle*, Domat, 1948-1956 (5 vol.) ; rééd. Del Duca, 1962.
Bénichou Paul, *Morales du Grand Siècle*, Gallimard, 1948, rééd. en Coll. « Folio ».
Morel Jacques, *La Tragédie*, Armand Colin, Coll. « U », 1964.
Scherer Jacques, *La Dramaturgie classique en France*, Nizet, 1950.
Zuber R., Picciola L., Lopez D., Bury E., *Littérature française du XVIIᵉ siècle*, PUF, Coll. « Premier cycle », 1992.

SUR RACINE

Barthes Roland, *Sur Racine*, Paris, Le Seuil, 1963.
Goldmann Lucien, *Le Dieu caché*, NRF, Gallimard, 1959, rééd. Coll. « Tel ».
Maulnier Thierry, *Racine*, Gallimard, 1947.
Mauriac François, *La Vie de Racine*, 1928, Plon, Coll. « 10/18 ».
Mauron Charles, *L'Inconscient dans l'œuvre et la vie de Racine*, Gap, Ophrys, 1957.
Morel Jacques, *Racine en toutes lettres*, Bordas, 1992.
Picard Raymond, *La Carrière de Jean Racine*, NRF, Gallimard, 1961.
Scherer Jacques, *Racine et/ou la cérémonie*, PUF, 1982.
Starobinski Jean, « Racine et la poétique du regard », *L'œil vivant*, Gallimard, 1961.

SUR *BÉRÉNICE*

Antoine Gérard, *Racine : Bérénice*, CDU, 1957.
Scherer Jacques (sous la direction de), *Bérénice / Racine*, SEDES, 1974.

SUR LES PERSONNAGES HISTORIQUES DE L'ŒUVRE

Flavius Josèphe, *Guerre des Juifs*, trad. P. Savinel, Éd. de Minuit, 1976.
Suétone, *Vies des douze Césars*, trad. Henri Ailloud, T. III, Les Belles Lettres, 1993.
Tacite, *Histoires*, T. I., trad. Henri Goelzer, Les Belles Lettres, 1965.

Imprimé en France, par Hérissey/Qualibris à Évreux (Eure) - N° 118995
Dépôt légal : 09/2012 – Collection N° 65 - Édition N° 07
16/9310/0